아빠와 10분
창의놀이

아빠 최초 육아 부문 **NAVER 파워블로그**
《아빠와 함께하는 10분 게임》

아빠와 10분
창의놀이

김동권 지음 | 이보연 감수

시공사

감수의 글

아이에게 꼭 필요한 '아빠 놀이'를 선물하세요

아동상담·놀이치료 전문가 이보연

아이들에게 놀고 싶다는 이야기를 수도 없이 들은 부모님들은 마트에서 최신 장난감을 사다 나르고, 주말이면 피곤한 몸을 이끌고 놀이동산으로 향합니다. 그러고는 내게 이렇게 묻습니다.

"어떤 놀이를 해야 하나요?"

"무슨 놀이가 도움이 되나요?"

하지만 이것보다 더 중요한 물음은 "놀이는 무엇이지요?"입니다. 놀이가 무엇인지를 알아야 부모가 아이와 함께 '제대로' 놀 수 있기 때문입니다.

첫째, 놀이는 자발적인 활동입니다. 놀이는 일과 달리 누가 시켜서 혹은 해야 하기 때문에 하는 것은 아닙니다. 자발적이라는 것은 달리 말해 마음속에서 우러나온다라는 의미입니다. 그래서 제대로 놀 줄 아는 아이들은 놀이에 적극적으로 참여하고, 때로는 시간과 공간에 대한 생각을 하지 않을 정도로 흠뻑 빠져듭니다. 이렇게 놀이에 깊이 몰두하고 적극적으로 참여한 경험은 이후 아이가 학습을 할 때나 일을 할 때 적극성과 집중력으로 나타납니다.

둘째, 놀이는 즐거움과 행복감과 같은 긍정적인 정서를 수반합니다. 놀이다운 놀이를 할 때 아이들의 눈은 반짝거리고 피부는 빛이 나며 입가에는 미소가 떠나지 않습니다. 이러한 즐거운 기분은 그 자체가 천연 스트레스 해소제입니다.

셋째, 놀이는 '마치 ○○인 것처럼'의 속성을 띱니다. 아무것도 아닌 나무젓가락이 날카로운 명검이 되고, 너덜너덜한 인형이 별나라 공주님이 되기도 합니다. 현실의 것을 그대로 복사하는 대신에 현실의 물건에 나름의 의미를 부여해 새로운 생명을 불어넣습니다. 이처럼 놀이는 사물이나 사건에 새로운 의미를 부여하는 자유로운 사고를 발전시켜 줍니다. 그러므로 놀이다운 놀이를 할 줄 아는 아이들은 상상력과 창의력이 풍부합니다.

넷째, 놀이는 결과보다 과정이 더 중요합니다. 블록으로 배를 만들다가 공룡이 되어 버려도 아이들은 즐거워합니다. 아이들의 놀이에서는 '꼭 무엇을 하는 것'이 중요하다기보다는 이리저리 뭔가를 시도해 보는 것 자체가 중요하기 때문입니다. 과정을 즐긴 아이들은 실패나 실수에 쉽게 좌절하지 않으며 도전을 두려워하지도 않습니다.

마지막으로 놀이는 창의적인 것입니다. 주어진 대로, 시키는 대로 노는 것이 아니라 '이 물건을 가지고 내가 무엇을 할 수 있을까?'라고 생각하며 남들이 하지 않는 방법으로 놀 궁리를 합니다. 이런 과정에서 '이 물건은 무엇이고, 이렇게 사용하는 것이다.'와 같은 고정관념에 얽매이지 않고 새로운 탐색 행동을 하게 됩니다. 아이들은 주어진 것 그대로 따라하기보다는 새로운 것을 창조할 때 놀았다고 느낍니다. 때문에 놀이는 종종 다양하고 창의적이며 혁신적인 결과로 이어지기도 합니다.

'진짜 놀이'는 바로 이러한 다섯 가지의 속성이 있습니다. 제아무리 비싼 장난감이나 놀이기구가 가득한 놀이공원이라 해도 이러한 놀이의 속성이 충족되지 않으면 아이들은 금세 시들해집니다. 이미 만들어진 장난감이나 그저 몸만 얹으면 자동으로 움직이는 놀이기구만으로는 제대로 된 놀이를 즐길 수 없습니다. 디즈니 만화에 나오는 백설 공주와 똑같이 만들어진 인형, 시각적 자극을 주는 정교하고 완벽한 애니메이션은 역설적이게도 아이들의 상상력을 제한합니다.

그럼에도 불구하고 어른들은 "자, 이제 놀아!" 하며 변신 로봇과 퍼즐을 던져 주고 뒤돌아섭니다. 그것으로 어른들의 역할을 다 했다고 생각합니다. 하지만 아이들은 그런 부모를 보며 진짜 놀이에 대한 갈증으로 목이 탑니다. 그래서 아이들은 부모에게 "놀아 줘!"라며 양팔, 양다리로 매달립니다.

한가한 저녁, 아이와 빈둥거리며 놀아 본 부모님들은 다 느낄 겁니다. 툭툭 치며 장난을 하고, 빨래집게를 머리에 꽂고 "난 도깨비다!" 하는 별것 아닌 것에도 아이들이 자지러지게 좋아한다는 것을……. 이 책에는 그러한 순간들이 가득합니다. 옷걸이로 아이와 짧은 결투를 벌이고, 과자 상자가 인형으로 변신하는 놀랍고도 흥분된 순간들이 펼쳐집니다. 아빠를 쳐다보던 아이는 어느새 자신도 놀잇감을 만들고 이야기를 만들며 참여하기 시작합니다. 잠깐이었지만 제대로 놀았기에 아이는 만족감에 마음이 뿌듯하고 아빠에게 친절해집니다.

아이는 정말 놀이답게 놀았습니다. 그리고 아빠는 진짜 놀이를 아이에게 선사했습니다. 그럴 수 있었던 것은 아빠 역시 제대로 놀았기 때문입니다. 아동심리 전문가가 아님에도 불구하고 아이와 놀이를 통해 교감을 나누고 진정한 놀이의 의미를 보여 주는 아빠의 모습이 정말 놀랍습니다.

이 책을 읽고 난 후에는 아마 분리수거함으로 달려가고 싶은 마음이 생길지도 모릅니다. 스티로폼과 달걀판을 보면 '이걸로 뭘 할까?'라는 생각이 들고, 떨어진 나뭇가지를 보면 아이와 신나는 해적 놀이를 하고 싶은 마음이 들지도 모릅니다. 그리고 어느새 아이와 아빠는 한층 더 가깝고 애틋해질 것입니다.

프롤로그

어느 일중독 아빠의 이야기

아빠는 항상 일만 해!

예나 지금이나 나는 열심히 일합니다.

늘 늦게까지 일하고, 주말에도 쉬지 않고 일을 했습니다. 그것이 가족을 위한 최선이라 생각했습니다.

결혼 1주년에 아이가 태어났는데 나는 아내에게 육아를 다 맡겼고, 그것을 당연하게 생각했습니다. 늘 일 속에 파묻혀서 살다 보니 아이와의 스킨십이 많이 부족했습니다. 늦게 퇴근하는 날은 아이의 자는 얼굴만 봐야 했고, 주말에도 일을 하느라 놀이터, 공원, 극장, 아이가 좋아하는 과학관에도 함께 갈 기회가 많지 않았습니다. 여행은 엄두도 내지 못했습니다. 그리고 평소에도 늘 피곤하다 보니 집에만 오면 마치 나뭇조각처럼 몸이 굳어 버려, 소파에 벌렁 드러누워 텔레비전만 봤습니다.

"아빠! 놀아 주세요."

"피곤해, 다음에."

"아빠! 오늘 학교에서요……."

"피곤해, 다음에."

"아빠! 저랑 같이 나가요."

"피곤해, 다음에."

"흥! 아빠는 항상 일만 해."

그때부터 나는 '항상 일만 하는 아빠'가 되었습니다. 하지만 내 생각은 크게 바뀌지 않았습니다.

'얘야, 우리나라 아빠들이 늘 이렇게 바쁘게 일하기 때문에 너희들이 편안하게 사는 거야. 표현은 잘 못하지만, 우리나라 아빠들만큼 자식사랑이 지극한 아빠들도 없어. 딴 나라 아빠들을 봐. 자식이 성인이 되면 집에서 내쫓잖아. 하지만 우리나라 아빠들은 자신의 노후도 대비하지 않고 모든 걸 아낌없이 다 자식에게 주잖아. 네가 먹는 과자, 네가 입는 옷, 네가 자는 집……. 아빠는 이미 최선을 다하고 있어. 너도 크면 아빠를 이해할 거야.'

그 꿈 많던 소년은 어디로 갔나?

돌이켜 보면 나도 한때는 꿈 많은 소년이었습니다. 사진사, 발명가, 만화가, 레크리에이션 강사 등등. 하지만 넉넉지 않은 그 시절, 돈이 많이 든다는 이유로 꿈을 하나둘 접은 채 학교를 졸업해서 정신없이 일하기에 바빴습니다. 결혼해서도 일 속에 파묻혀 살다 보니 어느덧 꿈이 무엇이었는지조차 잊어버린 나이 마흔이 넘은 아저씨가 되어 버렸습니다.

재활용품으로 아이를 위한 놀잇감을 만들기 전에는 내 꿈과 취미가 무엇이었는지조차 기억나지 않았고 그것들을 다시 찾을 수 있으리라는 생각조차 하지 못했습니다. 내 직업들은 모두 적성에 맞지도 않고, 그리 좋아하지도 않고 잘하지도 못하는 일뿐이었지요. 그래도 하루 세 끼 밥을 주고 잠잘 집도 주고 운전할 차도 주는 무지 고마운 '일'이었기에 꾸역꾸역 하루하루 열심히 일했습니다.

맞습니다. 나는 일만 하는 아빠입니다. 하지만 나도 일이 싫습니다. 힘들고 재미도 없습니다. 그렇지만 나는 책임감이 강한 남자입니다. 그래서 가족들을 위해 최선을 다합니다. 일을 열심히 하는 것이 곧 가정에 대한 최선이라 생각했습니다. 아내와 아이가 그런 아빠의 마음을 몰라 줘도 어쩔 수 없다고 생각했습니다.

일터에서 돌아온 나는 텔레비전에만 시선을 고정시킨 채 온몸으로 이렇게 말했습니다. '날 소파에 그냥 좀 내버려 둬. 이렇게 쉬는 게 아빠의 최선이란다. 너도 좀 이해해다오.' 그렇게 아이가 태어나고 8년이 지나갔습니다. 그 8년 동안 나는 집에만 오면 몸이 나뭇조각처럼 굳어 버리는 마법에 걸린 아빠였습니다.

괴물 아빠 앞에서 터진 아이의 울음

아이가 9살이 되던 어느 날이었습니다. 그날도 여느 때와 다름없이 피곤에 지친 얼굴로 아이를 말없이 바라보았습니다. 그런데 내 얼굴을 쳐다보던 아이가 갑자기 '으앙' 하고 울음을 터트렸습니다. 꾸중을 하거나 혼을 낸 것도 아니었습니다. 아빠의 낯설고 어두운 얼굴이 아이에게는 눈물이 날 만큼 무서웠던 것입니다. 순간 나는 큰 충격을 받았습니다.

'난 괴물이구나. 내가 죽어라 일만 하는 일중독 괴물이 되었구나.'

엄청난 위기감이 몰려왔습니다. 더 늦기 전에 아이와 가까워져야 한다는 외침이 머릿속에 울려퍼졌습니다. 세상 누구보다 사랑하는 내 아이에게 아빠의 진심을 전하고 싶었습니다. 아이와 스킨십도 하고 함께 웃으며 뒹굴고 싶었습니다. 하지만 모든 것이 너무 어려웠습니다. 어떻게 해야 할지 방법을 잘 몰랐습니다. 무엇보다도 내게는 아이와 놀러 나갈 시간이 절대적으로 부족했습니다.

하지만 충격도 잠시, 아이와 놀아 줄 시간이 없다는 핑계를 대며 나는 다시금 아이와 함께하는 시간을 차일피일 미루고 있었습니다. 그러던 중 어디선가 이런 말을 들었습니다. 어릴 때 아빠가 함께 놀아 주지 않은 아이는 나중에 나이 든 아빠와 시간을 보내지 않는다고. 그리고 아이가 초등학교 고학년이 되면 더 이상 아빠와 놀려고 하지 않고 친구들과 어울려 밖에서 논다는 것이었습니다.

당시 내 아이는 초등학교 2학년. '아, 시간이 얼마 남지 않았다. 이대로는 안 된다. 뭔가를 해야 한다! 지금 안 하면 나는 영영 아이에게 괴물 아빠로 남는다!'

흥분, 즐거움, 기대, 재미가 넘치는 아빠

곰곰이 생각해 보았습니다. '나는 과연 어떤 아빠가 되고 싶은가?' 무엇보다도 '재미있는 아빠'이고 싶었습니다. 고리타분하고 잔소리하고 인상 쓰는 아빠는 싫었습니다. 아이가 아빠를 떠올렸을 때 흥분, 즐거움, 기대, 재미를 느꼈으면 하고 바랐습니다.

하지만 '어떻게? 놀아 줄 시간도 없는데? 직장을 확 바꿔 버려?' 하지만 배운 것과 꿈꾸는 것과 할 수 있는 것이 모두 다른 엇박자 인생. 특별한 직업적 기술도 갖추지 못한 40대 남자를 '어서 옵쇼.' 하고 받아줄 사장은 없을 것입니다. 그렇다고 그대로 포기할 수는 없었습니다. 내가 할 수 있는 뭔가를 해야 했습니다.

축구공을 샀습니다. '아이와 매일 놀아 주리라!' 그러나 사흘을 못 넘기고 실패했습니다. '그래, 학교 운동장까지 가야 하니 잘 안 됐지. 집 근처에서 쉽게 할 수 있는 것으로 해야겠어.' 배드민턴 채를 샀습니다. 차에도 늘 넣고 다녔습니다. 그것도 사흘을 못 넘겼습니다. 또 실패였습니다. '그래! 집 밖에 나가는 것조차 잘 안 되니 이번에는 집 안에서 할 수 있는 걸 찾자.' 아이의 동화책을 손에 들었습니다. '앞으로 매일 한 권 씩 읽어 주리라!' 하지만 이 또한 사흘을 지속하지 못했습니다. 내가 일 년에 책 5권도 안 읽는 남자였기 때문입니다. '아, 나는 안 되는 걸까? 이대로 포기할 수밖에 없을까?'

아이에게 진짜 필요한 것

어려서부터 응가 콤플렉스가 있던 아이를 위해, 하루는 달력 한 장을 뜯어 하마를 그린 뒤 변기에 붙였습니다. 그러고는 "변기는 입을 크게 벌린 똥 먹는 하마야."라고 설명해 주었습니다. 아이에게 똥과 오렌지주스(소변)를 먹고 자라는 하마랑 잘 사귀어 보라고 했습니다. 그러자 신기하게도 그뒤 아이의 응가 콤플렉스는 조금씩 줄어들었습니다.

또 하루는 아이가 큰 강아지 인형을 사달라고 하기에 왜 갖고 싶냐고 물었습니다. 아이는 밤에 잘 때 자기를 지켜주는 큰 인형이 필요하다고 했습니다. 밤이면 밤마다 끌어안고 자는 물개 인형, 절친 물둥이가 있지만 물둥이 혼자서는 적(?)들을 다 상대할 수 없다고 했습니다. 그래서 나는 이번에도 달력을 펼쳐 들었습니다. 그러고는 뒷면에 커다란 보디가드 강아지를 그렸습니다. 그러자 아이도 그 옆에 자신의 강아지를 그리더니 멍이와 대견이라는 이름을 붙였습니다. 나는 이것을 아이 침대 옆의 옷장에 붙여 주었습니다. 밤새 아이를 지켜주는 대한민국

아이의 응가 콤플렉스를 해결해 준 '똥 먹는 하마'

잠들었을 때 적들을 물리쳐 주는 아이의 보디가드 '멍이와 대견이'. 아이에게 진짜 필요한 것은 아빠의 작은 관심입니다.

어린이 군견 멍이와 대견이! 사소한 일이었지만 이렇게 하나씩 하나씩 아이의 마음을 읽어 줄 수 있게 된 것이 무척 기뻤습니다.

그때부터였습니다. 퇴근하면 소파에 누워 텔레비전을 보는 대신에 유성매직을 손에 들고 아이를 위해 무엇을 그릴까, 무엇을 만들까 매일 고민하기 시작했습니다. 대부분 집에 있는 재활용품을 활용해 간단한 인형이나 놀이도구를 만드는 식의 사소한 일이었지만 아이의 반응은 말 그대로 최고였습니다. 그때서야 깨달았습니다. 아이에게 필요한 건 비싼 장난감이 아니라 아빠였다는 사실을 말입니다.

매일매일 아이와 10분 놀기

아빠가 만들어 준 사소한 장난감에도 세상을 다 얻은 듯 아이가 행복해하는 것을 보면서 결심했습니다.

'이제부터 매일 10분씩 아이와 논다!'

이후 아내의 권유로 블로그를 시작하면서 블로그 이름을 '아빠와 함께하는 10분 게임'으로 정했습니다. 처음 블로그를 시작했을 때에는 남에게 보여 주기 위한 것이 아니라 결심을 기록하는 일기장이었습니다. 직접 만든 장난감으로 아이와 함께 즐거운 시간을 보낸 과정을 블로그에 하나씩 올리기 시작했습니다. 그런데 이것을 본 주변 이웃들이 댓글을 달아 주기 시작했습니다. 격려도 있었고 공감도 있었습니다. 혼자서만 했다면 중간에 흐지부지되었을 텐데, 이웃과의 교류가 이루어지면서 더 힘을 내 계속할 수 있는 용기가 생겼습니다. 어찌 보면 공개 다이어트, 공개 금연을 한 것과 비슷한 효과가 있었던 것 같습니다.

그러다가 다른 아빠들에게 조금이라도 도움이 될까 하는 마음에, 놀이를 만드는 과정과 방법도 자세히 올리기 시작했습니다. 그러던 어느 날 한 이웃이 '사진만 보니 놀이가 잘 이해되지 않는다.'고 알려왔습니다. 그래서 그날 이후 놀이를 하는 모습을 동영상으로 찍어서 올리게 되었습니다.

아이도 블로그를 '아빠와 만드는 추억 앨범'으로 생각하며 함께 보고 좋아했습니다. 그 모습을 본 나는 더 기뻤습니다. 그래서 더욱 힘을 내 아이와 함께 노는 과정으로 블로그를 차곡차곡 채워 나갔습니다. 그 결과 예상치 못한 일들이 일어나기 시작했습니다. EBS를 비롯한 각종 방송 출연, 보건복지부 '100인의 아빠단 놀이 멘토' 선정 등 전에는 꿈도 꾸지 못했던 새로운 기회들이 펼쳐지기 시작한 것입니다. 이렇게 블로그를 통해 또 다른 인생을 살게 되었습니다.

아이의 과자 선물과 아빠의 눈물

하지만 정말 기뻤던 일은 따로 있습니다. 재활용품 놀잇감을 만들어 매일 10분씩 놀기 시작한 지 두 달째 되던 날, 아이가 내게 선물을 하나 주었습니다. 과자와 메모지. 거기에는 이렇게 쓰여 있었습니다.

"아빠, 바쁘신데 게임도 만들어 주고 놀아 주기까지. 나 먹으려고 샀는데……. 아빠 선물이에요."

그것을 본 순간 눈물이 왈칵 나왔습니다.

'아, 드디어 괴물 아빠에서 조금씩 벗어나기 시작했구나!'

남들은 별것 아닌 일로 뭘 그렇게까지 감동을 받느냐고 할지도 모르겠지만, 내게 아이의 과자 선물이 주는 의미는 남달랐습니다. 일만 하는 괴물 아빠였던 내가 매일 놀아 주는 친구같은 아빠로 바뀌었음을 인증하는 '아빠 인증식'이나 다름없었기 때문입니다.

"우리 아빠 최고!"

내 가슴을 울린 아이의 말 한 마디였습니다. 매일 10분씩이지만 최선을 다해 놀

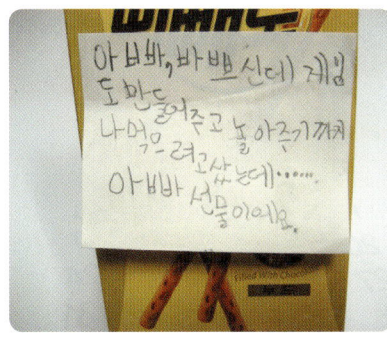

아이의 작은 선물에 가슴이 먹먹해집니다. 드디어 일만 하는 괴물 아빠에서 벗어나고 있나 봅니다.

면, 최고 아빠가 될 수 있음을 그때 깨달았습니다. 사실 따지고 보면 10분을 채우지 못한 적도 많습니다. 바쁠 때는 3분, 또 어떤 날은 1분. 아무리 바빠도 아이와 하루 한 번 눈이나 맞추자는 생각으로 잠깐잠깐 스킨십만 했는데 아이에게 이런 말을 듣다니! 그때 전 깨달았습니다. '얼마나' 놀았는지가 아니라 '어떻게' 놀았는지가 아이의 마음을 움직인다는 사실을 말입니다.

아이에게서 '아빠, 최고!'라는 찬사를 받는 그날까지

지금도 아이와 노는 것을 어려워하고, 집에 오면 피곤에 지쳐 잠드는 아빠들이 태반입니다. 하지만 아이와 가까워지는 길은 멀지 않습니다. 나는 이 책을 통해 아이와 노는 것이 얼마나 간단하고 쉬운지 또 얼마나 즐겁고 흥분되는 일인지 많은 아빠들에게 알려 주고 싶습니다. 부디 이 책을 통해 대한민국의 일만 하는 모든 아빠들이 아이와 함께 하루 10분 스킨십을 즐기고 아이로부터 '아빠 최고!'라는 찬사를 받았으면 합니다.

한 가지 덧붙인다면, 아이와 가까워지는 과정이 반드시 이 책에 소개된 방법이어야 할 필요는 없다는 점입니다. 아빠마다 각자 개성과 성격이 다르기에, 아이에게 다가가는 방법도 다를 것입니다. 그러니 어렵게 생각하지 말고 어릴 적에 자신이 좋아하던 놀이나 하고 싶었던 놀이, 지난날 잃어버린 꿈과 취미를 살린 자신만의 놀이를 개발해 보세요. 그렇게 자신만의 스타일을 찾아 아이의 눈높이로 다가간다면, 아이도 마음을 활짝 열고 아빠를 안아 줄 것입니다. 아이에게서 '우리 아빠, 최고!'라는 외침, 가슴이 먹먹해지는 벅찬 감동을 느끼는 그날까지 대한민국의 모든 아빠들, 파이팅!

  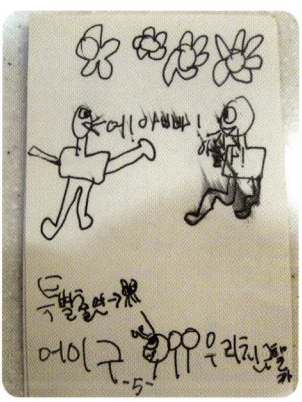

아이가 직접 그린 만화.
아이에게 아빠는 늘 반가운 존재입니다.

목차

감수의 글 아이에게 꼭 필요한 '아빠 놀이'를 선물하세요 _이보연_ 4
프롤로그 어느 일중독 아빠의 이야기 7

1장 눈만 그려도 재활용품 장난감 완성

일만 하는 아빠의 놀이 이야기
매일 10분 놀이의 3대 원칙, '항상, 즉시, 기쁘게!' 22
아빠 놀이 도움말 아이와 정해진 놀이 시간을 약속해 보세요 26

일만 하는 아빠의 보물창고
1 둥둥 물놀이를 좋아하는 피부 미인 애벌레 28
2 팔딱팔딱 물고기 튕기기 놀이 32
3 떨어지면 무효! 문어 후 불기 35
4 귀여운 새우 인형이 팔랑팔랑 39
5 국민체조 기족의 비석치기 43
6 탁탁탁, 신나는 드럼 치기 49
7 북극곰 인형 물총 놀이 51
8 딸기 바가지의 무한 변신, 밤따기 놀이 54
9 봉산탈 형님과 하회탈 아우 57
10 다섯 쌍둥이 도미노 게임 60

일만 하는 아빠의 행복한 일상
야근하는 아빠의 소원은 63

2장 아빠 이야기에 창의력이 쑥쑥, 스토리텔링 놀이

일만 하는 아빠의 놀이 이야기
놀아 주는 것이 아니라 함께 노세요 66
아빠 놀이 도움말 어떻게 놀면 재미있을지 아빠가 먼저 생각해 보세요 69

일만 하는 아빠의 보물 창고
1 로션 물고기와 함께하는 물장구 놀이 71
2 끝까지 함께해 줘, 풍선 로션의 러브스토리 75
3 냠냠, 몰래 혼자 먹는 건 정말 맛있어, 얄미운 식탐 인형 78
4 세상에서 둘도 없는 친구가 된 밀대 잠자리 81
5 부직포 가방에서 태어난 입 큰 개구리 85
6 아빠와 함께 쓰는 동화책, 고래밥이 될 뻔한 아이 89
7 백설 공주와 보디가드 난쟁이의 공든 탑 쌓기 92
8 커피 마시며 일만 하는 꿀벌 인형 95
9 빨래 놀이터의 장난꾸러기, 양말이의 하루 98
10 수다쟁이 엄마 여우와 귀여운 아기 늑대 이야기 102

일만 하는 아빠의 행복한 일상
10년이면 강산도 변한다더니 아이도 105

3장 온몸을 움직이는 신나는 놀이

알만하는 아빠의 놀이 이야기
더 쉽게! 더 재미있게! 더 짜릿하게! 108
아빠 놀이 도움말 아빠 놀이의 장점, 최대한 활용하세요 112

알만하는 아빠의 보물창고
1 옷걸이 펜싱검으로 짜릿한 한판 승부 114
2 퍼융퍼융, 로빈후드 활쏘기 놀이 118
3 페트병 볼링 스트라이크 121
4 딸기 글러브로 즐기는 슈퍼볼 야구 123
5 로봇팔 대장 몬스터와 어린이 지구방위대의 한판 승부 127
6 이열치열 수박 복싱 놀이 129
7 아슬아슬 신발 상자 축구 드리블 131
8 덤벼라, 불꽃 튀는 칼싸움 놀이 134
9 3점슛, 골인! 펠리컨 농구대 137
10 에어캡으로 즐기는 뽁뽁이 복싱 140

알만하는 아빠의 행복한 일상
녀석, 발이 많이 자랐구나! 142

4장 우리 아빠 최고! 아빠와 아이가 함께 만드는 놀이

알만하는 아빠의 놀이 이야기
놀이는 이벤트가 아니라 일상 146
아빠 놀이 도움말 아이의 균형 잡힌 발달을 위해 아빠 놀이가 꼭 필요합니다 149

알만하는 아빠의 보물창고
1 정말 단순하지만 정말 재미있는 포트리스 151
2 뱅글뱅글 공 굴리기 추격 놀이 154
3 달려라, 달려! 씽씽 봅슬레이 156
4 배 상자로 즐기는 실내 축구 158
5 몬스터 구덩이를 피해라, 울퉁불퉁 정글 레이싱 161
6 균형 잡고 빙빙, 휴지심 발레리나 164
7 누가 누가 오래 버티나? 공포의 간질이기 게임 166
8 모두 다 물리쳐 주마, 투명 앵그리버드 발사대 168
9 아주 아주 간단한 크리스마스트리 만들기 170
10 혀가 점점 늘어나는 아빠 메롱 인형 172

알만하는 아빠의 행복한 일상
요즘 퇴근이 기다려지는 이유 175

5장 아빠와 아이의 꿈이 함께 자라는 온 가족 놀이

알짬 하는 아빠의 놀이 이야기
바쁘지만 행복한 아빠 모습, 가족 안에서 만들어요 178
아빠 놀이 도움말 아이의 발달 단계에 맞는 놀이부터 시작하세요 182

알짬 하는 아빠의 보물창고
1 아빠 괴물을 물리쳐라! 어린이 참외 극장에 초대합니다 184
2 큰 박스 인간 두더지 잡기 186
3 우리 집 최고 인기 놀이, 손가락 피자 야구장 189
4 잠자는 사자를 건드리지 마라, 사자 코털 뽑기 192
5 걸리면 뽕망치 다섯 대! 뱅글뱅글 페트병 물고기 194
6 즐거운 명절, 빼놓을 수 없는 민속놀이, 투호 196
7 와구와구 맛있어, 먹보 그물 인형 198
8 요리조리 톡톡톡, 나무젓가락 박스 하키 200
9 세뱃돈 많이 주세요, 아빠 마음을 흔드는 저금통 인형 202
10 집에서 간단히 만드는 보드 게임, 휴지심 물고기 잡기 204

알짬 하는 아빠의 행복한 일상
어린 시절로 돌아가는 마법의 가방 207

6장 재미있어서 자꾸 해요, 생활습관 개선 놀이

알짬 하는 아빠의 놀이 이야기
아빠-육아, 아빠가 가장 잘할 수 있는 일부터 시작하세요 210
아빠 놀이 도움말 즐겁고 재미있는 놀이로 바른 생활 습관을 배워요 214

알짬 하는 아빠의 보물창고
1 거북이 물장구 손 씻기 놀이 216
2 밥을 잘 먹지 않는 아이를 위한 맛있어 상자 인형 218
3 부엌 찬장을 지키는 트랜스포머 과자 괴물 220
4 아빠도 함께하는 엄마 말 잘 듣기 게임 222
5 비밀의 자동차 나라 정리정돈 놀이 224
6 이제 안전하게 사용할 수 있어요! 종이컵 정수기 도우미 226
7 귀여운 외모로 눈길을 끄는 집중력 향상 우유 시계 228
8 늦잠 자는 아이를 위한 두더지 놀이 230

알짬 하는 아빠의 행복한 일상
아빠의 꿈과 도전은 계속된다 232

7장 즐겁게 놀면서 창의력도 쑥쑥! 학습력 향상 놀이

알짱 하는 아빠의 놀이 이야기
아빠를 좋아하는 아이로 키우세요 **236**

아빠 놀이 도움말 놀이로 바탕 학습을 충분히 한 아이가 학습력도 좋아요 **240**

알짱 하는 아빠의 보물창고
1 달력으로 하는 재미있는 덧셈 뺄셈 암산 놀이 **242**
2 구구단이 술술 외워지는 달걀판 숫자 놀이 **246**
3 비밀의 판도라 상자 낱말 속담 맞히기 **248**
4 뽕망치 강타 받아쓰기 복권 **250**
5 먹고 먹히는 참치 캔 먹이사슬 **252**
6 북극곰 빙하 탈출 대모험 **254**

알짱 하는 아빠의 행복한 일상
아이도 속상하고 아빠도 속상한 날 **256**

8장 상상력의 문을 열면 모든 것이 놀이

알짱 하는 아빠의 놀이 이야기
아이와 놀면서 잃어버린 아빠의 꿈도 찾아요 **260**

아빠 놀이 도움말 아이의 상상력이 가장 좋은 장난감 **262**

알짱 하는 아빠의 보물창고
1 맛있는 고구마가 뿌지직 똥이라고? **264**
2 문제 해결 능력을 키워 주는 지구본 놀이 **266**
3 도로 글씨 속에 숨은 문어를 찾아라 **269**
4 낙엽 속에 숨은 잠복근무 요원 놀이 **271**
5 누가 누가 더 많이 찾나? 아빠와 아이의 상상력 배틀 **274**
6 우리 집에 놀러 온 상상 친구를 소개합니다 **278**

알짱 하는 아빠의 행복한 일상
세상 모든 아빠들의 마음은 똑같아 **282**

에필로그 좋은 아빠보다 노력하는 아빠 되기 **284**
부록 눈 스티커와 눈 그림 **287**

집에서 10분 더 논다고
괴로시하지 않아요.
아빠 육아, 10분이면 됩니다.

[1장]

눈만 그려도
재활용품 장난감
완성

매일 10분 놀이의 3대 원칙, '항상, 즉시, 기쁘게!'

일만 하는 아빠의 미션 임파서블

"1시간!", "1분!"

"30분!", "5분!"

"20분!", "10분!"

"오케이!"

이렇게 나는 늘 아이와 줄다리기를 합니다. 놀이 시간 협상은 매번 10분으로 끝나지만, 그래도 아이는 포기하지 않고 매일 재협상을 시도합니다. 처음에는 "이제 10분이 다 됐으니 끝내자." 하면 아이가 화를 냈습니다. "대신 내일 다시 꼭 놀아 줄게." 하고 달랬지만 아이는 늘 퉁하고 삐치기 일쑤였습니다.

10분 놀이를 하는 중에 전화벨이 울릴 때도 많습니다. 그러면 놀이가 중단되고 다시 일터로 튀어 나가야 하지요. 그럴 때면 일을 마치고 돌아온 후 아이와 다시 놀았습니다. 그날 놀아 주지 못하면 다음 날 더 놀아 주는 식으로라도 노력했습니다. 그렇게 해서 많이 놀아 주지는 못해도 자주 놀아 주는 아빠, 짧게 놀아 주는 대신에 엄청 재미있게 놀아 주는 아빠가 되려고 노력했습니다.

10분 동안 광대도 되고, 연기자도 되고, 개그맨도 되고, 마구 뒹구는 강아지도 되었습니다. 눈치 보지 않고 망가지듯이 놀아 주었습니다. 상황이 좀 덜 재미있어도 큰 소리로 웃었고 긴장이 좀 덜 되는 놀이라도 몹시 조바심을 내며 스릴 넘치게 놀아 주었습니다. 아이는 놀이 자체도 좋아했지만 이런 아빠의 리액션을 더 재미있어 했습니다.

쉽고 재미있는 재활용품 놀이에 눈뜨다

'아이와 뭘 하고 놀지?' 하고 고민하면서부터 재활용품이 눈에 들어오기 시작했습니다. 무언가 거창한 것을 구상하고 거기에 맞는 재료를 찾으려고 하니 생각보다 쉽지 않았습니다. 그래서 새로운 재료를 구하러 다니기보다는 그날 그날 집에서 나오는 재활용품을 손에 들고 가만히 생각했습니다. 고정관념을 버리고 이 재활용품에 어떤 장난감 혹은 놀이가 숨어 있나 찾아보았습니다. 재활용품의 생긴 모양을 그대로 활용해 간단한 놀이를 만든다고 생각했습니다. 그렇게 재활용품의 특성을 관찰하다 보니 예전에는 미처 생각지 못했던 참신한 아이디어들이 톡톡 튀어나왔습니다.

"아얏, 티슈 상자가 인형이 되었네!"

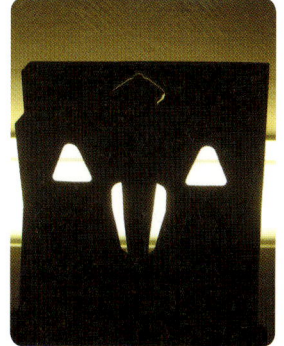

'맛있어 인형'도 '다스베이더'도 되는 요구르트 종이 포장재의 변신

어라, 눈만 붙여도 인형이 되네?

재활용품 놀잇감을 만들 때에는 창조가 아닌 발견을 한다고 생각했습니다. 예를 들어 티슈 상자를 가만히 들여다보면 이미 있던 구멍이 입이었다는 '발견'을 하게 됩니다. 입이 강조된 인형이니 수다 인형, 먹는 인형으로 활용하면 됩니다. 요구르트 포장 종이를 들여다보면 입맛을 다시는 '맛있어 인형'이 보이기도 하고 '다스베이더'가 보이기도 합니다. 이렇게 재활용품을 손에 쥐고 '여기에 무엇이 숨겨져 있을까?' 하고 찬찬히 살펴보다 보면 다양한 캐릭터가 쏟아져 나옵니다.

특히 어떻게 하면 특징을 더할까가 아니라 어떻게 하면 필요 없는 부분을 뺄까를 더 고민했습니다. 이를테면 고깃집 간판에는 크게 표시된 고기 그림 하나면 충분하지, 고기와 함께 나오는 스무 가지 반찬을 다 그려 넣을 필요가 없는 것처럼 말이지요.

이러한 의미에서 재활용품에 눈을 붙이는 것은 매우 효과적인 방법입니다. 눈 하나만 붙여도 평범한 재활용품이 다양한 얼굴을 가진 사랑스러운 인형으로 변신합니다. 엄마, 아빠, 아이의 다양한 캐릭터도 눈 하나로 간단

아빠, 엄마, 아이. 눈만 붙여서 만든 나무젓가락 가족

하게 구분됩니다. 엄마 눈은 눈썹 두 개로, 아빠 눈은 커다란 눈 혹은 선글라스를 낀 눈으로, 아이 눈은 작은 눈으로. 이렇게 눈 두 개만 효과적으로 그려도 코, 귀, 머리카락, 팔, 다리, 몸통 등 나머지 부분은 보는 사람의 상상 속에서 다 완성되기 때문에 굳이 표현할 필요가 없습니다.

매일 10분 놀이의 3대 원칙

어떤 분이 제게 '하루에 몰아서 놀아 주는 건 할 수 있겠는데 매일 10분씩 놀아

주는 것은 잘 안 되더라.'라며 매일 놀아 주는 비결을 물어온 적이 있습니다. 그 말을 듣고 곰곰이 생각해 보았습니다. 비결까지는 아니지만 꼭 지키기로 마음먹은 작은 습관이 있습니다. 바로 '항상, 즉시, 기쁘게' 아이와 논다는 것이었습니다.

일 년 중 가장 바쁜 연말, 거기다 월말 그리고 일주일 중 가장 바쁜 월요일. 죽음의 삼박자가 겹쳐진 어느 날이었습니다. 정말 눈코 뜰 새 없이 바빴습니다. 저녁에 집으로 돌아온 후에도 전화기는 계속 울려댔고, 그 와중에도 아이는 옆에서 '놀아 줘!'를 외쳐댔습니다. 저녁 식사 후에 또 일 때문에 튀어 나가야 했지만 어제 옷걸이로 만든 낚싯대를 꺼내 들었습니다. 순간 아이의 눈빛이 흥분과 전율로 반짝거렸습니다.

"시작!" 하는 소리와 동시에 옷걸이 낚싯대로 쇼핑백 물고기 더 많이 낚아채기 놀이를 했습니다. 아이의 고함소리가 온 집 안에 쩌렁쩌렁 울렸습니다. 그렇게 2분 남짓 흘렀을까요? 제가 다시 일하러 나가야 한다고 말했을 때 아이의 얼굴에는 아쉬움보다는 재미가 더 크게 남아 있었습니다. 정말 신났다며 계속 깔깔거렸습니다. 이후 밤 11시가 다 되어 집에 와 보니 아이는 이미 곤히 잠들어 있었습니다.

옷걸이 낚싯대로 낚은 쇼핑백 물고기 짧은 시간에도 재미있게 놀 수 있어요.

비록 2분밖에 놀아 주지 못했지만 '다음에', '나중에'가 아니라 '항상, 즉시, 기쁘게'를 외쳤기에 나는 그날도 아이와 한 약속을 지키고, 신나고 유쾌하게 놀이를 할 수 있는 시간도 놓치지 않았습니다. 어려울 것 같지만 사실 해보면 간단한 3대 원칙, 즉 '항상, 즉시, 기쁘게'만 지킨다면 하루 10분 놀이는 그리 어려운 일이 아닙니다.

이보연 선생님
아빠 놀이
도움말

아이와 정해진 놀이 시간을
약속해 보세요

달력에 아이와 함께 노는 시간을 표시하세요

아이는 놀이를 통해 자신의 성장 발달에 꼭 필요한 자극을 얻습니다. 아이가 건강하고 똑똑하게 성장하기를 바란다면 먹고 입히고 재우는 것만큼이나 제대로 된 놀이 시간이 꼭 필요하다는 사실을 염두에 두어야 합니다. 따라서 아이와 함께 노는 것을 당연한 일과로 설정하고 아이와 함께 놀 수 있는 시간을 계획해야 합니다. 하루에 10분이 안 되면 주말에 30분씩도 좋습니다. 규칙적으로 놀 수 없는 상황이라면 달력에 가능한 시간을 표시해 놓으면 좋습니다. 그렇게 아이와 놀이 시간을 당연한 것으로 여기고 노력해야 실천할 수 있습니다.

욕심내지 말고 조금씩 조금씩

그렇다고 한번에 너무 긴 시간을 놀아 줄 필요는 없어요. 사실 아이와 노는 것은 대단히 지루한 일입니다. 어른과 아이는 발달 수준에서 현저한 차이가 나기 때문입니다. 따라서 놀이 시간을 30분 이상 너무 길게 잡으면 아이와 두 번 다시는 놀고 싶지 않습니다. 본인이 견딜 수 있을 만큼의 시간을 정하세요. 대략 10~15분 정도는 눈 딱 감고 견딜 수 있으니 적당합니다. 그리고 이렇게 시간을 정해 놓고 노는 일을 반복하다 보면 어느 순간 아빠도 놀이에 재미를 붙이게 됩니다.

아이가 한도 끝도 없이 놀아 달라고 한다면

시간을 정해 놓고 놀다 보면 처음에는 아이들도 무척 불안해합니다. 자꾸 시계를 쳐다보거나 더 놀아 달라고 떼를 쓰기도 하고요. 그래서 많은 부모가 이렇게 불평합니다. "아이가 한도 끝도 없이 놀아 달라고 해요."라고 말입니다. 특히 학령기 전 아동들은 자신이 경험하지 못한 일을 계획하는 것이 불가능합니다. 아이는 지금 이 순간을 산다고 하잖아요. 그래서 아빠가 "다음에 놀아 줄게."라고 말해도 그것은 아직 경험하지 않은 일이니 이해하지 못합니다. 어떡하든 지금 놀려고 하고 계속 놀아 달라고 합니다. 그래도 인내심을 갖고 아이에게 이야기해야 합니다. 달력을 보여 주면서 "이 표시 알지? 이때 또 놀자. 이날 아빠랑 노는 거야."라고 하세요. 그것이 몇 차례 반복되면 아이도 조금씩 아빠 말을 믿습니다.

아이의 놀이 요구를 자랑스럽게 여기세요

겁먹지 마세요. 아이가 "놀아 주세요." 하는 것은 정말 좋은 신호입니다. 드물지만 간혹 부모가 놀아 준다고 하면 싫어하거나 기겁하는 아이들도 있습니다. 부모와 아이 사이가 그만큼 멀어졌다는 의미이므로 참 안타깝고 걱정스러운 경우입니다. 그러니 내 아이가 놀아 달라고 요구하고 아빠와의 놀이 시간을 고대한다면 부모로서 매우 자랑스러워해야 합니다. '아, 아이가 날 좋아하는구나. 내가 부모로서 아이에게 무언가 좋은 영향을 주고 있구나.' 하며 뿌듯함을 느껴도 좋습니다.

1 눈만 그려도 재활용품 장난감 완성

둥둥 물놀이를 좋아하는 피부 미인 애벌레

4~6세

준비물
스티로폼 과일 포장재,
가위, 투명 스카치테이프,
눈 스티커(책 뒷면 부록 참조)

일만 하는 아빠 집에 입양된 순백의 피부 미인 애벌레를 소개합니다.
집에서 흔히 구할 수 있는 스티로폼 과일 포장재를 이용해
아이들에게 인기 만점인 장난감을 아주 손쉽게 만들 수 있습니다.
물놀이를 좋아하는 애벌레 인형 덕분에 아이의 욕실 출입이 아주 즐거워졌어요.
손 씻을 때, 샤워할 때, 물놀이할 때 좋은 친구가 되어 줄
애벌레 인형을 만들어 보세요.

1	2

놀잇감을 만드는 과정도 이야기처럼 재미있게 들려 주면 놀이에 대한 아이의 기대가 더욱 커집니다.
🧑 "이 피부 미인 애벌레의 고향은 사과 향이 은은 하게 퍼지는 어느 상자 속이었어."

재활용품을 앞뒤로 꼼꼼히 살펴봅니다. 특성이 눈에 들어오면서 아이디어가 떠오릅니다.
🧑 "올록볼록 세포가 만들어지더니……"

3	4

가위로 양옆을 자르고, 잘라 낸 부분만 사용합니다.
🧑 "찌이익~, 세포 분열!"

잘라 낸 세 칸짜리 포장재 2개를 아래위로 맞물리게 양옆을 테이프로 붙입니다.
🧑 "철커덩, 세포 결합!"
Tip 이때 위쪽을 뒤로 살짝 밀어서 붙여 주면 애벌 레가 살짝 입을 벌리고 있는 것 같습니다.

 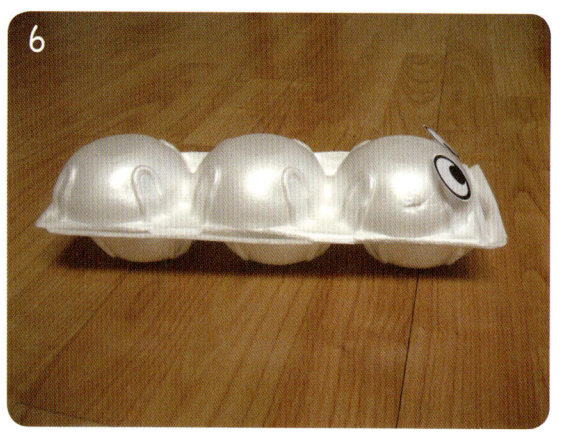

이제 눈 스티커만 붙이면 애벌레 완성!
Tip 물에 들어가도 젖지 않도록 눈 스티커를 투명 스카치테이프로 감싸서 붙이거나, 유성매직으로 눈을 그려도 좋습니다.

이제부터 아빠의 연기력이 필요합니다. 애벌레 인형이 살아 움직이는 듯, 몇 마디 대사를 붙여 주세요.
아빠 "어, 어, 갓 태어났더니 몸이 조금 찌뿌드드한데? 어디, 목욕할 만한 곳 없나? 두리번두리번."

아빠 "이쪽으로 가 볼까? 꿈틀꿈틀…… 앗, 찾았다, 물이다!"
애벌레가 물을 두려워하지 않고 욕실로 달려갑니다.

아빠가 어느 정도 놀아 주면 아이도 자연스레 참여합니다.
아이 "퐁당. 앗, 차가워. 따뜻한 물을 좀 틀어 주세요!"
Tip 스티로폼 인형은 물놀이가 가능하다는 장점 대신에 금방 부서진다는 단점도 있습니다.

Tip 눈 그리기가 쉽지 않은 아빠들을 위한 '눈 스티커'

재활용품 장난감을 본 친구가 시무룩하게 말했습니다. "난 눈 그릴 엄두도 안 난다……."
그래서 고민 끝에 눈 그릴 엄두도 못 내는 아빠들을 위해 눈 스티커를 만들었습니다. 책 뒷면에 있는
눈 스티커를 떼어 내 어떤 물건에든 붙이기만 하면 짠~ 하고 인형으로 변신하니 한번 사용해 보세요.

이처럼 눈 모양은 아래로 향한 눈, 가운데로 모아진 눈, 옆을 보는 눈 등등 다양하게 연출할 수 있습니다. 물에 닿는 용도거나 재질에 따라 유성매직으로 직접 그려 넣는 것이 더 나은 경우도 있습니다. 신문지에 눈 그리는 연습을 한 다음에 도전해 보세요.

2 눈만 그려도
재활용품 장난감
완성

팔딱팔딱 물고기 튕기기 놀이

3~8세

준비물
플라스틱 손잡이,
눈 스티커

상자로 포장된 물건을 편하게 들고 갈 수 있게 해 주는
플라스틱 손잡이의 대변신.
몸통을 누르면 팔딱팔딱 온몸을 튕기는
매력만점 물고기입니다.
아이들이 손가락으로 직접 물고기를 움직이며 놀 수도 있고,
여러 마리를 만들어 다양한 이야기를 꾸미면서 놀아도 좋습니다.

몸통은 종이로 되어 있지만, 손잡이 부분은 플라스틱이라 분리 배출해야겠지요?

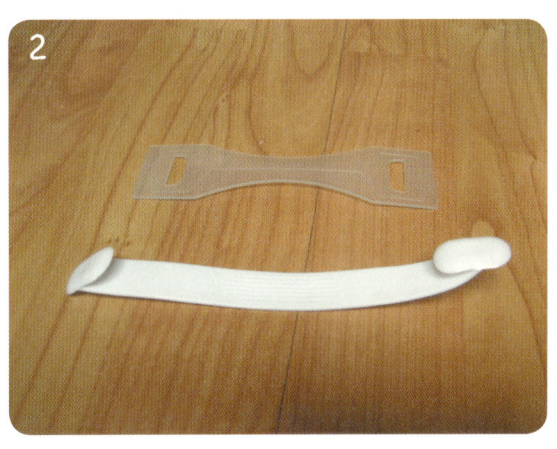

분리시켜 보았더니, 이런 모양입니다.
아빠 "어, 이것으로 무언가를 만들 수 있을 것 같은데?"

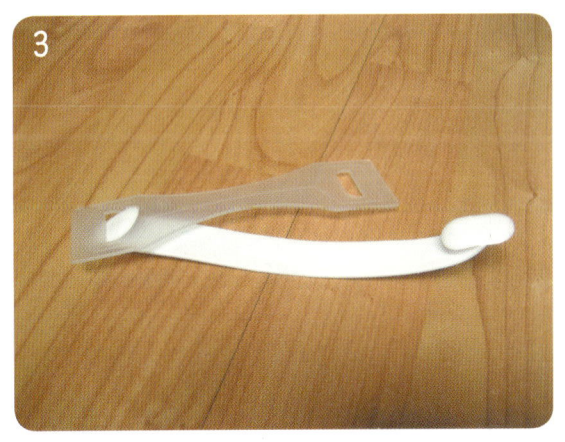

일단 한쪽을 이렇게 살짝 걸쳐 보았습니다.

반대쪽은 이렇게 위쪽에서 반대로 끼워 보았습니다. 오, 예쁜 유선형의 곡선이 보이네요.
Tip 잘 끼워지지 않으면 테이프로 끝을 붙여서 고정해도 좋습니다.

눈을 붙이니 팔딱팔딱 뛰는 물고기가 되었습니다.
아빠 "안녕! 나는 팔딱팔딱 물고기야."

이 녀석은 몸통을 눌러 주면 주특기인 팔딱팔딱 뒤집기 신공을 보여 주는, 아주 기특하고 신기한 물고기입니다.
아빠 "아이쿠, 뒤집어졌네!"

한 마리 더 만들어 이야기를 꾸며 보세요. 눈에 속눈썹만 그려도 아가씨 물고기가 되네요.
아빠 "어이, 거기 물고기 아가씨! 나랑 데이트할래요?"
아이 "어머머, 별꼴이야. 관심 없어요! 흥!"
아빠 "쳇, 튕기기는……."
물고기 아가씨, 콧대가 꽤 높네요, 하하.

뿅망치를 이용해 더 재미있게 놀 수 있습니다.
물고기가 뒤집어지지 않고
똑바로 서 있게 튕긴 사람이
상대방을 뿅망치로 한 대 때리고,
물고기가 뒤집어지면
상대에게 한 대 맞는 놀이이지요.
물고기가 뒤집어지지 않게
손가락 힘 조절을 잘 해야겠죠?

3 눈만 그려도
재활용품 장난감
완성

떨어지면 무효! 문어 후 불기

7~10세

준비물
스펀지 과일 완충재,
눈 스티커, 상

이 인형을 본 아이는 다양한 이름을 말하더군요.
문어 인형, 해바라기 인형, 외계인 인형, 태양 인형, 불가사리 인형,
사자 인형, 주꾸미 인형 등등. 아, 끝이 없습니다.
인형 이름은 아이가 말하는 것이 곧 정답이겠죠?
그럼, 문어 후 불기 놀이 시작해 볼까요?

놀이를
동영상으로
즐기세요

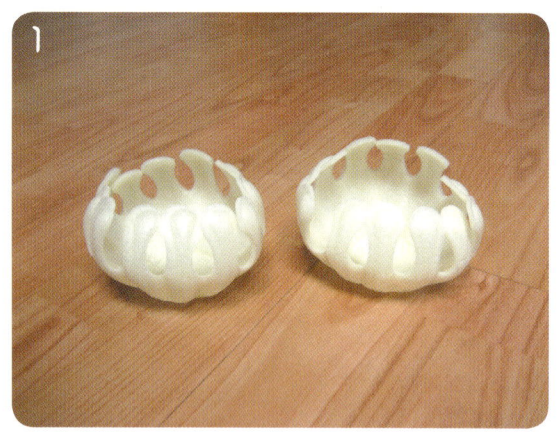

사과나 복숭아 등 과일이 다치지 않게 포장해 주는 스펀지 완충재를 사용합니다. 이리저리 만져 보다가 한번 뒤집어 봤습니다.

이렇게 사방으로 촉수를 쫙 뻗은 재미있는 모양입니다. 마침 가운데 작은 구멍이 있습니다. 마치 입 같지요.

눈 스티커를 붙이면 완성!
아빠 "깜박깜박, 안녕! 난 문어 인형이야."

같은 방법으로 문어 인형을 하나 더 만들었습니다.
아이 "우리는 쌍둥이란다. 헤헤."

아빠 (형 문어) "야! 일어나! 형님한테 인사해야지!"
아빠 (동생 문어) "쳇, 형님은 무슨! 같은 날 태어났으면서……."

아빠 "아니야! 일만 하는 아빠가 내 눈을 네 눈보다 먼저 붙여 주었단 말이야! 1초를 먼저 태어나도 형님은 형님이지!"

아무래도 안 되겠습니다. '문어 후 불기 놀이'로 누가 형인지 가려야겠습니다. 방법은 간단합니다. 이렇게 문어 쌍둥이 형제를 상 위에 올리세요.

그런 다음에 아빠와 아이가 서로 번갈아가면서 후~ 하고 붑니다.

상대를 상 밖으로 떨어트리면 1점! 둘 다 떨어지면 무효예요. 먼저 3점을 내는 쪽이 형입니다.

Tip 너무 세게 불면 붕 떠서 날아가기도 하니 적당히 후! 하고 튕기듯 부는 것이 포인트!

아이 "아빠, 이거 은근히 재미있는데요? 크하하하."

아이 "깔깔깔, 아빠 이거 웃겨서 못 하겠어요."
아빠 (형 문어) "뭐야, 이거!"
(동생 문어) "야! 그냥 집에 가자!"
이날 문어 쌍둥이는 누가 형이고 동생인지 가리지 못했습니다.

문어 인형 2개를 나란히 놓고 누가 더 멀리 부나 놀이를 해도 재미있습니다. 이 놀이는 문어가 바닥으로 떨어져 나가는 모습이 너무 웃겨 노는 시간보다 웃는 시간이 더 많았습니다.

4 눈만 그려도
재활용품 장난감
완성

귀여운 새우 인형이 팔랑팔랑

4~6세

준비물
화장품 상자 속지,
유성매직, 눈 스티커

우리 집에 사는 귀여운 새우를 소개합니다!
아이 엄마의 화장품 상자 속지에서 태어나
좋은 향기가 폴폴 나는 귀여운 인형입니다.
사실 아이 엄마가 새우를 무척 좋아하는데,
언제가 대하철인지도 모르는 무심한 남편이네요.
그럼, 우리 집 새우가 어떻게 태어났는지 소개해 드릴게요.

놀이를
동영상으로
즐기세요

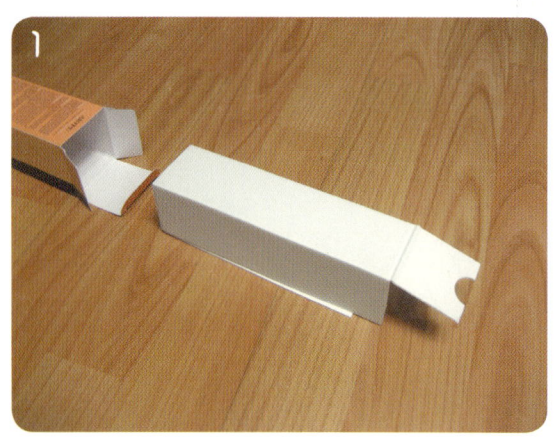

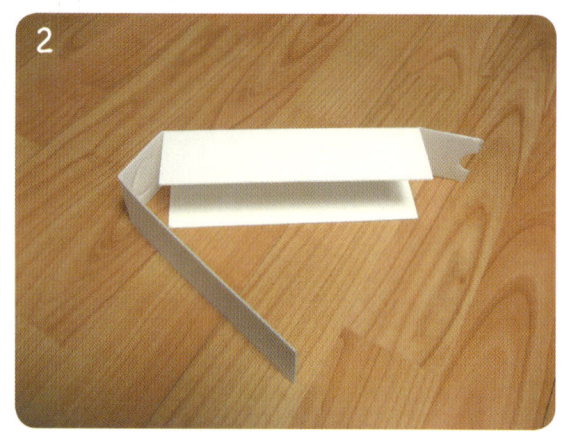

엄마의 화장품 상자입니다. 속지를 잘라 내거나 덧붙이지 않고 있는 그대로 사용합니다.
- 아빠 "쏘옥~ 새우가 알에서 나왔네."

속지는 옆면이 서로 붙어 있지 않습니다. 어때요? 아기 새우가 보이나요?

속지 윗부분에 사진과 같이 눈 스티커를 붙입니다.
- 아빠 "깜박깜박, 난 갓 태어난 아기 새우야."

- 아빠 "아기 새우는 점점 자라서"

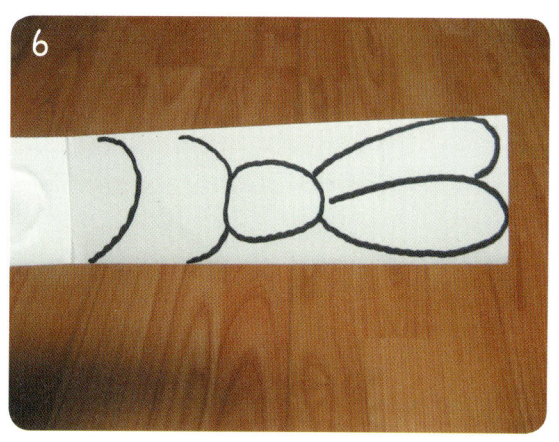

유성매직으로 새우의 옆얼굴과 몸통에 있는 선을 그립니다.

아빠 "어느덧 형아 새우가 되었어."

꼬리 부분도 그려 줍니다.

아빠 "꼬리도 점점 자라서, 이제는 다 큰 대하가 되었어."

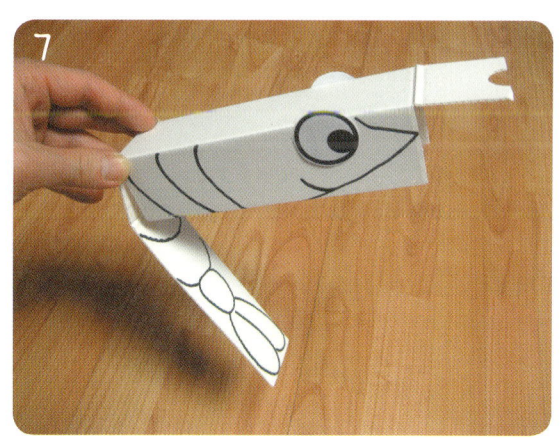

자, 이제 완성!!

아이 "야, 너 대하 맞아?"

아빠 "응. 나 대하 맞거든."

새우가 이야기를 할 때마다 꼬리를 팔랑팔랑 움직여 줍니다.

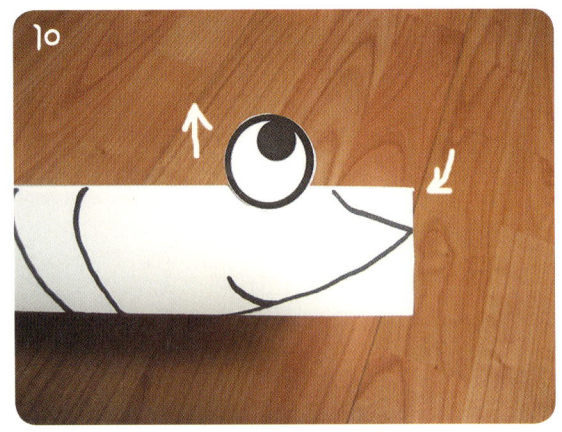

아이 "대하는 운송할 때 쉽게 죽어서 횟집에 있는 살아 있는 새우는 대부분 흰다리새우라던데?"
아빠 "맞아. 내가 대하 구분하는 법을 가르쳐 줄게. 나처럼 눈이 쑥 들어가 있고 이마뿔이 주둥이보다 길면 대하가 맞아."

아빠 "하지만 중남미산 흰다리새우는 눈이 이렇게 튀어나와 있고 이마뿔이 주둥이보다 짧아."
아이 "아하, 그렇구나! 눈과 이마뿔을 잘 살펴보면 구분할 수 있겠구나."

아빠 "그래, 나는 대한의 대하니까 나를 잘 대하도록! 팔랑팔랑."
아이 "네! 대하님! 알아서 모시겠습니다!"
이제 대하와 흰다리새우 구분 어렵지 않지요?

속지의 형태는 상자마다 제각각입니다.
이때 꼭 새우가 아니더라도
상자의 특징을 살려 캐릭터로 만들면 됩니다.
아이가 좋아하는 동물이나
물건 형태로 인형을 만들고,
재미있는 이야기를 덧붙이면
친근감을 줄 수 있습니다.

5 눈만 그려도
재활용품 장난감
완성

국민체조 가족의 비석치기

5~8세

준비물
각각 크기가 다른
화장품 상자 4개,
유성매직, 신문지

빈 화장품 상자를 이용한 또 다른 놀이입니다.
크기가 서로 다른 여러 개의 상자를 이용해 엄마, 아빠, 아이까지 온 가족을 만들었습니다.
뚜껑 부분이 밖으로 보이도록 뒤집은 다음 눈, 손, 입을 그려 주면
아주 간단하고 귀여운 인형 가족이 됩니다.
요즘 우리 집 화장품 상자 가족은 국민체조에 맞춰
운동도 열심히 할 뿐만 아니라 비석치기 놀이에도 푹 빠졌습니다.

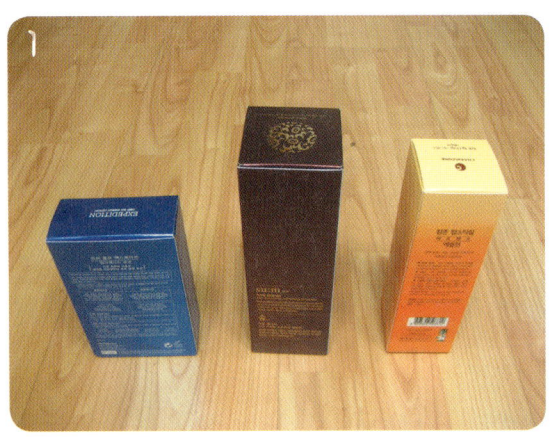

아이가 손에 쥐고 놀기에 적당한 크기의 화장품 상자 3개를 준비합니다.

아빠 "자, 준비하시고!
구령에 맞춰 힘차게, 국민체조 시작!"

상자 뚜껑을 열고 안쪽에 눈을 그려 줍니다.

아빠 "하나, 눈이 생기고!"

양쪽 작은 뚜껑에는 작고 앙증맞게 손을 그려 줍니다.

아빠 "둘! 손이 생기고!"

아래쪽 뚜껑에는 '메롱' 하는 입을 그려 줍니다.

아빠 "셋! 입이 생겼네! 안녕? 나는 국민체조 가족의 귀염둥이 아들이야."

같은 방법으로 각각의 상자에 유성매직으로 눈, 손, 입을 그려 줍니다. 아빠는 더 큰 상자로, 엄마는 속눈썹이 달린 눈으로 표현할 수 있어요. 입 모양도 메롱, 이빨이 보이게 하하 웃기, 미소 짓기, 찌푸리기 등 다양하게 그릴 수 있습니다.

이제 이 국민체조 가족을 가지고 재미있게 놀아 볼까요? 마치 국민체조를 하듯이 척척척 움직이며 삼각형 모양으로도 세워 보고,

아빠 "하나, 둘, 셋."

일렬로도 세워 보세요.
아빠 "하나, 둘, 셋! 하하, 재미있다!"

이제 국민체조 가족으로 비석치기를 해보겠습니다. 비석치기란 일정한 거리에서 손바닥만 한 작은 돌을 발로 차거나 던져서 상대의 비석을 쓰러뜨리는 전통놀이입니다. 아이에게 비석치기에 대해 설명해 주세요. (48쪽 참조)

우선 비석치기용 상자를 하나 준비합니다. 얇고 작은 것이 좋습니다. 무게감을 주기 위해 상자 안에 신문지나 전단지를 접어서 넣습니다.

국민체조 가족 얼굴은 아빠가 그렸으니, 이제 아이에게 비석 상자에 그림을 그리게 하세요.
아빠 "그래, 이번엔 네 맘대로 그려 보렴."

이건 아이 작품입니다.
음……, 아무래도 아빠 얼굴 같군요.
녀석, 콧구멍 좀 작게 그리지. 똑같이 그리면 어떡해! 으이구…….

1~2미터 정도 떨어진 곳에 국민체조 가족을 세웁니다.
Tip 아이의 연령에 따라 거리를 적당히 조절하세요.

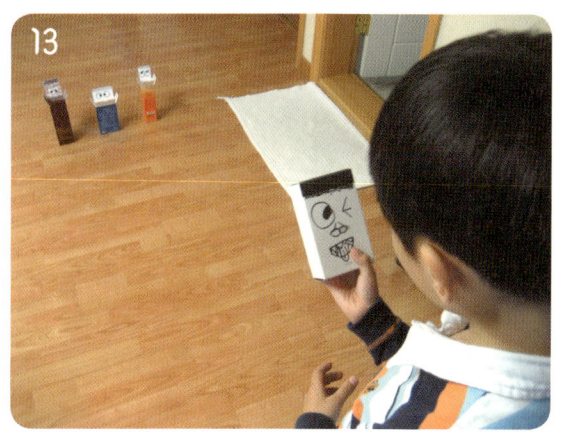

자, 모두 긴장하시고! 꿀꺽~.
아빠 "살살 부탁해요~, 덜덜덜."

아빠 "퍽! 으어억~!"
이런……. 요즘 퇴근이 늦었더니 아빠부터 쓰러뜨리는군요, 쩝.

자, 다음은 누구?
아이 "엄마, 저 숙제 안 한다고 혼내셨죠?"
하하, 엄마는 비껴갔네요. 다시 던졌더니 이런……,
이번엔 아이를 맞췄네요.
아이 "으웩, 내가 당했네……."

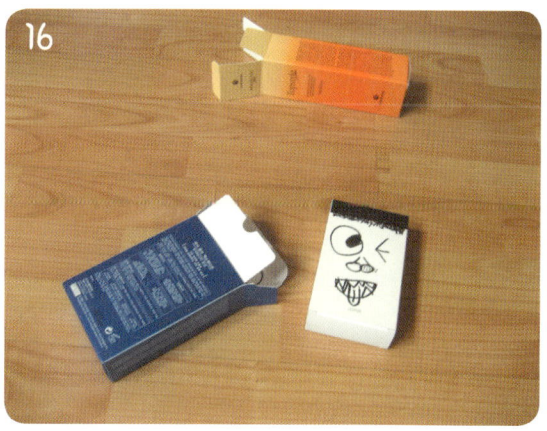

이제 아빠가 던질 차례!
아빠 "휙~ 앗싸, 맞혔다! 여보, 미안~ 크크."
이렇게 아빠와 아이가 교대로 비석을 던지며 놉니다. 이거, 아이도 아빠도 스트레스 해소에는 최고입니다!

Tip 비석을 던지는 방법에는 여러 가지가 있습니다.

야구 : 야구처럼 손으로 던지기
외발이 : 한쪽 발을 든 다음 발 밑으로 던지기
구두 : 출발선에서 발등에 비석을 얹어 놓고 한 발짝에서 세 발짝까지 정해진 발짝 수를 뗀 다음 상대의 말 맞히기
토끼 : 양쪽 발 사이에 비석을 끼운 다음 토끼처럼 깡충깡충 뛰어가서 자신의 비석을 날려 상대의 말 맞히기
무릎 : 무릎에 비석을 끼운 채 종종걸음으로 가서 상대의 말 맞히기
배꼽 : 비석을 배꼽 위에 올려놓고 앞으로 가서 상대의 말 맞히기
목 : 목 위에 비석을 얹은 다음 앞으로 걸어가서 상대의 말 맞히기
신문팔이 : 겨드랑이 사이에 비석을 끼우고 가서 상대의 말 쓰러뜨리기
견장 : 왼쪽이나 오른쪽 어깨 위에 비석을 올려 놓고 앞으로 가서 상대의 말 넘어뜨리기
이목구비 : 입, 코, 눈, 귀의 순서로 각각 비석을 얹고 가서 상대의 말 넘어뜨리기
이마 : 이마에 비석을 얹고 걸어간 다음에 인사하듯이 머리를 숙여 상대의 말 맞히기
떡장수 : 머리에 비석을 이고 가서 상대의 말 맞히기 (비석을 떨어뜨리기 전에 "떡 사세요." 하고 상대와 흥정을 벌여 동의를 구해야 합니다.)

비석치기 놀이에는 체계적이고 과학적인 운동 원리가 담겨 있습니다. 손끝이나 발끝에서 무릎-가슴-어깨-머리로 비석을 옮기는 과정에 신체의 상하좌우 균형이 치밀하게 조화를 이루어야 할 뿐만 아니라 난이도에 따른 익살스런 동작이 적절히 안배되기 때문에 즐겁고 유쾌하게 놀이를 즐길 수 있습니다. 뿐만 아니라 상대의 말을 맞히려면 고도의 집중력, 순발력, 유연성이 필요한 아주 유익한 놀이입니다.

비석 상자를 발 위나 머리 위에 얹을 때 쉽게 미끄러지면 고무줄을 2~3개 끼워 줘도 좋습니다. 그럼 아이와 함께 재미있는 비석치기를 한번 해보세요. 나름대로 재미있는 응용 규칙도 만들면 더 재미있습니다.

〈참고 : 네이버 백과사전〉

6 눈만 그려도
재활용품 장난감
완성

탁탁탁, 신나는 드럼 치기

3~6세

준비물
종합 선물 세트 포장재,
나무젓가락, 눈 스티커,
유성매직

종합 선물 세트 상자 안에 스트레스 해소용 드럼이 사은품으로 들어왔다면,
어떻게 하시겠어요? 그냥 버리기에는 너무 아깝지요?
자기에게 스트레스를 주는 사람을 상상하면서 친다면,
스트레스 해소에 도움이 되겠지요.
그렇다고 '남편', '아빠' 하고 노골적으로 이름을 써 놓지는 마세요.
집안싸움 나기 십상이니까요. 하하.

놀이를
동영상으로
즐기세요

남들은 쓰레기라고 버리는 재활용품입니다. 이 안에 숨어 있는 보물을 매의 눈으로 간파하는 능력이……. 네, 아빠들에게는 있습니다. 분명히!

상자 안에 있는 플라스틱을 꺼내서 뒤집습니다.

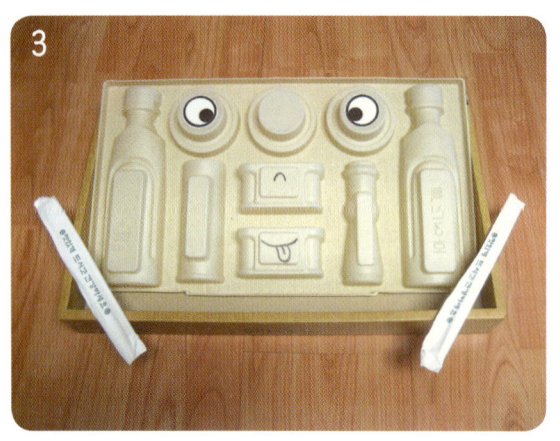

이걸 그냥 치면 재미없으니, 눈 붙이고 유성매직으로 코와 입도 그려 봅니다.

아빠 "안녕! 나는 탁탁 치면 재미있는 소리가 나는 드럼이야, 메롱~."

나무젓가락이나 숟가락, 볼펜 같은
작은 막대기만 있으면 준비 끝!
이제 아이들과 함께
신나는 드럼 연주를 해보시기 바랍니다.
동요나 춤추기 좋은 음악을 틀어 놓고
마구마구 쳐 보면
아이들이 더욱 신나하겠지요?

7 눈만 그려도
재활용품 장난감
완성

북극곰 인형 물총 놀이

5~8세

준비물
손잡이 달린
플라스틱 우유통,
칼이나 송곳, 눈 스티커

피부 미인 애벌레에 이은 또 다른 욕실 친구, 북극곰 인형을 소개합니다.
백곰, 북극곰, 물개, 코끼리……. 역시나 이 녀석도 별명이 많네요.
어쨌든 이 인형의 가장 큰 매력은 '코'에 숨어 있습니다.
속에 물을 채우고 몸통을 누르면 찍찍 물이 발사되는 물총이 되고,
함께 놀지 않을 때에는 욕실 구석에 세워 놓기도 좋아서
여러 가지로 쓸모 있고 기특한 녀석입니다.

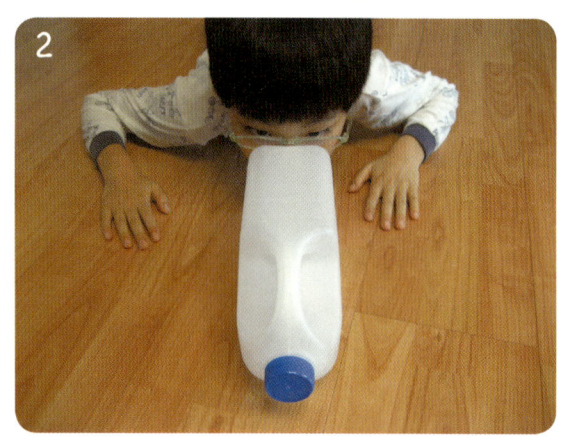

오늘 아침 다 마셔 버린 큰 우유통입니다. 라벨을 벗긴 다음에 안과 밖을 씻어 주세요. 아이가 갖고 놀 물건이니 청결이 우선입니다.

아이 "아빠, 이건 뭐예요?"
아빠 "글쎄다……. 뭐가 나올지 아빠도 궁금하구나."
이렇게 재활용품을 놓고 어떤 장난감을 만들어 볼까 아이와 함께 고민하는 시간도 즐겁습니다.

칼이나 송곳으로 뚜껑에 자그마한 구멍을 뚫어 줍니다.

Tip 구멍 크기에 따라 발사되는 물의 양이 달라집니다. 적당히 조절해 주세요.

눈 스티커를 붙여 줍니다. 물에서 가지고 놀 것이니 눈 스티커 앞면을 테이프로 붙여서 방수 처리를 해 줍니다.

아빠 "이 아이는 이름을 뭐라고 지으면 좋을까?"
아이 "백곰이 어때요?"
아이와 함께 인형 이름도 지어 주세요.

이제 욕실로 가서 뚜껑을 열고 물을 채워 줍니다.
아이 "목마르지? 자, 마셔, 마셔. 콸콸콸콸."

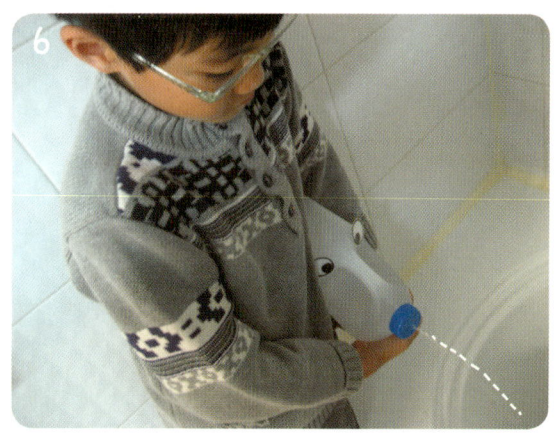

다시 뚜껑을 닫은 후 몸통을 눌러 물총이 잘 발사되는지 실험해 보세요.
아이 "발사! 찌이이이이익~!"

아이 "하하하, 이거 재미있는데요?
발사! 발사! 찍! 찍! 찍! 찍!"
위에서 누르고, 옆에서 누르고! 오늘도 아이 반응 최고입니다.

이 놀이를 본 한 이웃은
"감기에 걸려 콧물 흘리는 북극곰."이라고 하고
또 어떤 분은 "물고기+코끼리+북극곰=물끼곰."
이라고 하네요.
아이와 함께 물총 놀이도 하고
예쁜 이름도 지어 보세요.

8 눈만 그려도
재활용품 장난감
완성

딸기 바가지의 무한 변신, 밤따기 놀이

6~10세

준비물
플라스틱 바가지 2개,
탁구공 15개, 고무줄,
칼이나 송곳, 휴지심 4개,
투명 박스테이프, 양말,
눈 스티커

"밤을 따자, 밤을 따~.", "으아악~ 밤이다!"
어릴 때 하던 밤따기 놀이 기억하세요?
오늘은 아이와 함께 재미있는 밤따기 놀이를 하려고 합니다.
뾰족뾰족 가시에 찔리지 않으려면 밤따기 놀이 전용 모자가 필요해요.
딸기 바가지의 무한 변신.
밤따기 놀이 전용 모자부터 만들어 보겠습니다.

놀이를
동영상으로
즐기세요

깊이가 어느 정도 있는 딸기 바가지가 눈에 들어옵니다. 음……. 어릴 때처럼 머리에 써 보고 싶은 충동이 드는군요.

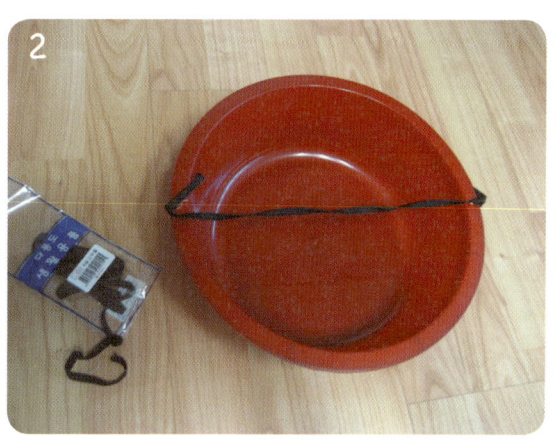

1단계. 바가지 양옆에 칼이나 송곳으로 구멍을 뚫고 고무줄을 끼웁니다.

Tip 고무줄 길이는 아이의 얼굴 크기에 맞게 조절해 주세요.

2단계. 휴지심 4개를 사진과 같이 배치한 후 투명 박스테이프로 고정시킵니다. 바가지를 아이 머리에 부드럽게 고정시키는 역할을 합니다.

3단계. 눈 스티커만 붙여 주면 완성~일 줄 알았는데…….

머리에 써 보니 고정이 잘 안 되네요. 밀착력을 높이기 위해 아빠의 헌 양말을 가져와 투명 박스테이프로 붙입니다. 자! 이렇게 4단계에 걸쳐 딸기 바가지 모자가 완성되었습니다.

바가지에 탁구공 밤을 가득 담아 주세요.
아빠 "밤을 따자, 밤을 따! 밤을 따자, 밤을 따!"
아빠와 아이가 밤따기 주문을 외우며 아이의 머리 위에서 탁구공 밤이 들어 있는 바구니를 빙빙 돌립니다. 밤이 언제 떨어질까? 가슴이 조마조마……

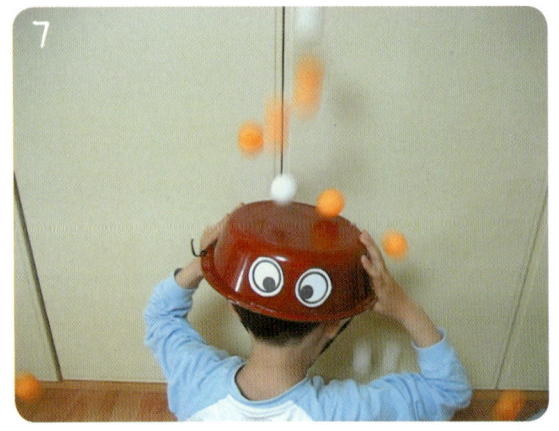

아빠 "밤이다!"
아빠가 큰 소리로 외치며 아이 머리 위로 탁구공 밤을 우르르 쏟아붓습니다.
아이 "까아아아악!"
아이든 아빠든 리액션이 클수록 놀이는 더 재미있습니다.

공을 줍고 난 후 가위바위보로 술래를 정한 후
놀이를 계속합니다.
놀이가 끝난 다음 밤따기 모자는 잘 챙겨 두었다가
올 가을 진짜 밤을 따러갈 때 사용해 보세요.
병정놀이를 할 때
사용해도 되겠지요?
비 올 때 우비를 입고 모자를 쓰고
나가 보는 것도 재미있을 거예요.

9 눈만 그려도
재활용품 장난감
완성

봉산탈 형님과 하회탈 아우

3~6세

준비물
울퉁불퉁하게 생긴
가전제품 포장재,
칼, 유성매직

봉산탈 형님과 하회탈 아우!
전통문화의 현대적 재해석입니다. 하하.
아이들은 가면놀이를 무척 좋아합니다. 스파이더맨, 울트라맨, 마스크맨 등등.
아이들이 사랑하는 수많은 캐릭터들은 주로 마스크를 쓰고 등장하지요.
아빠가 직접 만든 봉산탈, 하회탈로
아이들의 인기를 독차지해 보세요.

전기밥솥 속 포장재입니다. 생긴 것이 꽤 재미있어 자세히 들여다보았습니다. 음……, 얼굴에 쓰는 탈로 만들면 좋겠습니다.
구멍이 나 있는 부분을 눈구멍으로 하면 되겠지요.

Tip 구멍이 없으면 칼로 구멍을 뚫어 주세요.

유성매직으로 눈매를 그린 다음 뾰족뾰족한 이빨도 그립니다. 영락없는 봉산탈이지요?

아빠 "얼쑤! 나는 봉산탈이다! 크하하하하!"

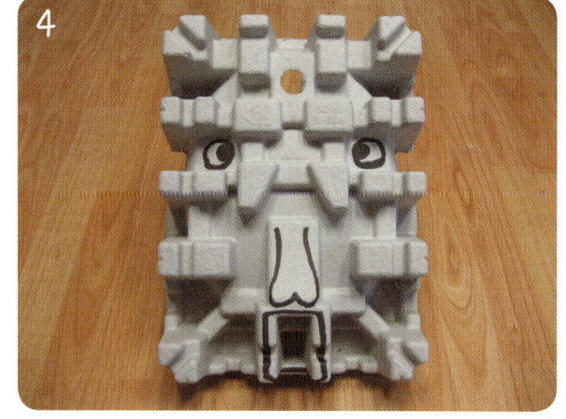

다른 한쪽 포장재도 가면으로 만들어 보겠습니다. 이것은 동생 하회탈로 만들면 재미있겠지요.

유성매직으로 두 눈을 그리고 앞이 보이게 구멍을 뚫습니다. 코와 입도 그려 주세요. 형과는 조금 다르지만 역시 재미있게 생겼습니다.

아빠 (봉산탈 형님) "아우야! 얼른 일어나거라!"
(하회탈 아우) "행님! 부르셨나요? 오메, 좋은 세상~."

아빠 (봉산탈 형님) "인마! 품위 좀 지켜! 명색이 하회탈인데 그게 뭐냐?"
형이 동생을 나무라네요.

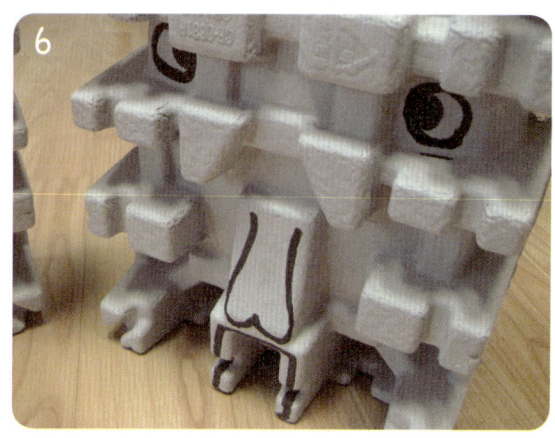

아빠 (하회탈 아우) "뭐가 어때서요? 웃기고 재미있는데요."
봉산탈, 하회탈 형제의 우스꽝스런 목소리에 아이들의 웃음보가 깔깔깔 터집니다. 웬만한 사극보다 재미있는 아빠표 놀이입니다.

아이 "아, 시끄러워, 녀석들! 텔레비전 좀 보자."
아이와 함께 탈을 쓰고 더욱 재미있게 놀아 보세요.

이후 봉산탈, 하회탈 형제는 여러 발사 놀이의 표적이 되기도 하고 격파놀이의 대상도 되었다가 결국 세상을 떠났습니다.

놀이를 동영상으로 즐기세요

봉산탈 하회탈 격파놀이

10 눈만 그려도
재활용품 장난감
완성

다섯 쌍둥이 도미노 게임

4~6세

준비물
동일한 형태의 얇은 상자
5~10개, 유성매직

보통 도미노 게임이라고 하면
수십 개, 수백 개를 쌓는 것을 연상하지요.
하지만 비슷한 사이즈의 박스 대여섯 개만 있어도
쉽고 재미있는 도미노 게임을 즐길 수 있습니다.
오랜 시간에 걸쳐 힘들게 쌓지 않아도 되는
초간단 다섯 쌍둥이 도미노 게임, 이제 시작합니다!

엄마의 화장품 팩 포장재에서 태어난 다섯 쌍둥이 도미노 가족입니다. 일단 유성매직으로 눈을 그립니다. (아이가 주문한 대로 그렸습니다.) 다 되었으면 이제 도미노를 나열해 볼까요?

아빠 "자자, 줄 똑바로 섭시다. 어이, 거기 세 번째, 앞을 보라고!"

나란히 세운 후 톡 하고 건드리면,
아빠 "으아, 쓰러진다……, 다다다다다……."
뒷부분에 사람 모습을 그려 넣으면 더 재미있습니다.

이제 사선으로 세워 볼까요?
아빠 "잘 안 보이니 옆으로 서 봐."

과연 잘 넘어질까 궁금했는데 조금만 톡 건드려도,
아빠 "에구구구구구……."

이번에는 삐뚤빼뚤 세워 봅니다.
🧑 "안 되겠어요. 자리를 바꾸세요! 그게 똑바로 선 거예요? 우왕좌왕……."

말이 끝나기도 전에, 우당탕탕……. 꼭 살아 있는 듯 귀여운 도미노 가족. 참 재미있지요?

이제 또 다른 모양으로 세워 봅니다.
🧑 "자, 집중, 집중! 이번에는 나선형으로 서 보자고!"
🧑 "까르르르르르……, 쿵."

아빠의 재미있는 음향 효과로 놀이가 두 배, 세 배 재미있어지는 것은 두말 하면 잔소리입니다.
좀 더 기다리면 엄마 얼굴도 예뻐지고 도미노 가족도 7인조, 10인조로 늘어나겠네요.

일만 하는 아빠의 행복한 일상

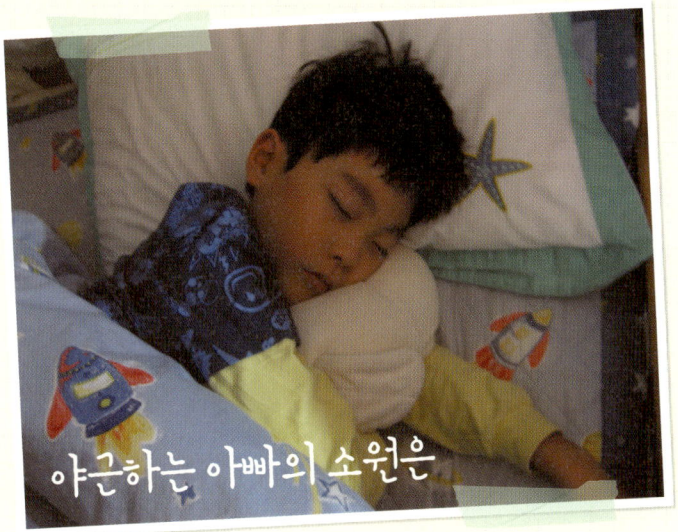

야근하는 아빠의 소원은

야근하는 아빠의 소원은
'오늘' 안에 퇴근하는 것
반갑게 달려오는 아이를 보는 것
저녁식사를 잠옷 입고 편하게 하는 것

하지만 지금은
야근의 계절

오늘도 집에
오늘 안에 못 왔네.
아이는 이미
로켓을 타고 꿈나라로 가 버렸네.

아이야,
좀 늦었지만
로켓에 아빠 합승 안 되겠니?
미안하다, 늘…….

그림자 기찻길을 발견한 아이.
"아빠, 기차는 언제 와요?"
아이가 원하는 것은 답이 아닙니다.
칙칙폭폭 기찻길 위로
아빠 기관차가 되어 달리세요.
동심에 그저 동참하세요.

> 2장

아빠 이야기에
창의력이 쑥쑥,
스토리텔링 놀이

놀아 주는 것이 아니라
함께 노세요

뭐야, 내가 더 재미있잖아? 아빠가 더 신나는 놀이 시간

아이와 매일 10분씩 놀기 시작하면서 이렇게 생각했습니다.

'놀아 주는 것이 아니라 함께 노는 것이다.'

아이와 놀아 준다고 생각하면 하기 싫은 일을 억지로 하는 것 같고, 무언가 크게 희생하는 기분까지 들어 놀이가 재미없습니다. 하지만 아이와 같이 나 또한 논다고 생각하면 그렇지 않습니다. 어떻게 하면 더 재미있고 즐겁게 놀 수 있을지 궁리하게 되고, 아이와 함께 노는 시간이 기다려지기까지 합니다. 그렇게 해서 아이와 함께 어떻게 하면 즐겁게 놀 수 있는지를 하나둘 터득해 가기 시작했습니다.

아빠표 캐릭터와 스토리텔링의 만남

아이들은 생명이 부여된 장난감에 무한한 애정을 보냅니다. 또한 이야기를 무척 좋아합니다. 작은 재활용품 상자 하나를 갖고 놀더라도 "이것으로 공을 주고 받으며 놀자." 하고 말하는 것과 "이건 네 침대 밑에서 네가 튕긴 코딱지를 먹으며 자란 왕눈이 생쥐야." 하고 소개하는 데에는 분명 큰 차이가 있습니다. 아빠의 이야기를 들은 아이는 놀이를 시작하기도 전에 머릿속에서 상상의 엔도르핀이 팡팡 분출됩니다.

게다가 아빠가 상자를 들고 공을 주고받으며
"찍찍찍, 앙! 네 코딱지 공 냠냠 맛있게 잘 먹었다~. 꺼억! 뿌웅!"
이렇게 말해 주면 이 상자는 세상에서 하나밖에 없는 코딱지 생쥐가 됩니다.

한번은 '치약 무사와 투명 조로'라는 장난감을 만들어 준 적이 있습니다. 치약 무사는 원래는 다 쓴 치약 튜브였는데, 눈과 입을 그려 주고 치약 뚜껑을 삿갓처럼 비스듬히 씌워 줬더니 영락없는 무사였습니다. 투명 조로는 칫솔 포장재에서 태어났습니다. 아랫부분만 뜯어 내 칫솔을 꺼내고 윗부분에 눈을 붙이고 이쑤시개 칼을 꽂았

"너, 나랑 한판 할 테냐?"
치약 무사와 투명 조로의 만남. 캐릭터와 스토리가 만나면 놀이가 더욱 흥미진진해집니다.

더니 투명 조로가 되었습니다.

하지만 여기서 그치지 않고, 세상을 평정하러 온 치약 무사와 지구의 평화를 지키는 투명 조로의 대결이라는 이야기를 붙여 주었습니다. 치약 무사와 투명 조로의 대결. 생각만 해도 흥미진진하지 않나요? 아이는 일주일을 이것만 갖고 놀았습니다. 나와 함께 놀았을 뿐만 아니라 내가 출근하고 없을 때는 자신만의 새로운 놀이로 재탄생시키곤 했습니다. 이처럼 아빠표 캐릭터와 스토리가 만나니 더할 나위 없이 좋은 놀이가 되었습니다.

누가 누가 더 잘 노나, 아이와 함께하는 놀이 경쟁

하루는 놀잇감을 만들긴 했는데 어떻게 놀아야 할지 도무지 좋은 규칙이 떠오르지 않았습니다. 일단 아이를 앉혀 놓고 만든 것을 보여 주었습니다.

"이거 아빠가 만들긴 만들었는데, 노는 규칙은 네가 정해 볼래?"

그러자 아이의 말이 마구 쏟아졌고, 그것을 듣던 나는 어느 순간 "그거! 그거!" 하면서 근사한 규칙을 만들어 갔습니다. 덕분에 아이와 무척 재미있게 놀았지요. 다음 날 퇴근해서 돌아오니 아이가 새로운 규칙이라며 '이건 이렇게 하는 거고, 저건 저렇게 되고……' 하며 한참 설명을 늘어놓았습니다. 그 모습을 보며 이것도 또 하나의 놀이구나라는 생각이 들었습니다. 어떻게 놀지 상상하며 새로운 놀이를 만드는 놀이. 누군가 만들어 놓은 결과물을 따라하는 것이 아니라 만드는 과정 자체를 놀이로 만드는 놀이 말입니다.

또 어느 날은 자꾸 놀잇감을 만들어 내라는 아이에게 내가 이렇게 말했습니다.

"야! 왜 만날 나만 만드냐? 너도 좀 새로운 걸 만들어 봐!"

그 이후 가끔 퇴근하면 아이가 재활용품을 들고 와서 내게 시범을 보이는 일이 생겼습니다.

"아빠! 제가 만든 놀잇감인데요, 한번 보세요……."

이렇게 아들과 놀이 만들기 경쟁이 시작되었습니다.

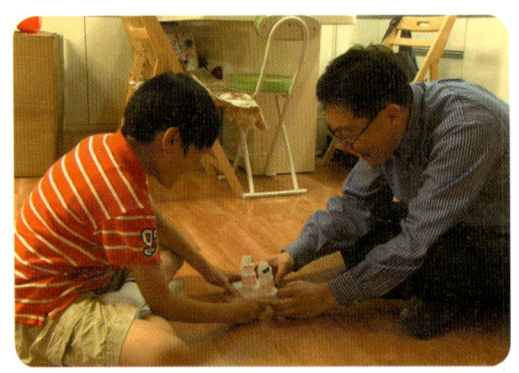

아이와 아빠가 함께 만드는 놀이.
아이와 시작한 놀이 경쟁으로
10분 놀이가 더욱 유쾌해집니다.

**이보연 선생님
아빠 놀이
도움말**

어떻게 놀면 재미있을지,
아빠가 먼저 생각해 보세요

'이게 뭐야?' 질문식 놀이는 이제 그만

많은 부모님, 특히 아빠들은 이렇게 이야기합니다. "도대체 아이와 어떻게 놀아 주어야 할지 알 수 없어 난감합니다."라고요. 이러한 고민은 실제 아빠(엄마)들이 아이와 놀아 주는 모습에서도 여실히 드러납니다.

아빠 : (아이 옆에 있는 자동차 장난감을 가리키며) 이게 뭐야?

아이 : 소방차.

아빠 : 소방차는 뭐하는 거지?

아이 : 불 끄는 거.

아빠 : (잠시 할 말이 없어 망설이다가 다른 장난감을 가리키며) 이건 뭐지?

아이 : 병원차.

아빠 : ……

안타깝게도 이런 식의 문답형 질문으로는 결코 재미있는 놀이를 이어갈 수 없습니다. 아이는 이미 알고 있는 것을 자꾸 확인하는 질문을 놀이라 여기지도 않습니다. 따라서 아이와 놀기 전 어떻게 놀아야 재미있을까 생각하고 그 방법을 생각해 보아야 합니다.

스토리텔링, 재미있고 똑똑한 놀이의 시작

이때 스토리텔링 놀이는 아주 좋은 해결책입니다. 예를 들어 소방차가 있다면 아빠가 소방차 옆 책장에 인형 하나를 세워 놓고 "불이 났어요, 살려주세요." 하고 불이 난 상황을 설정해 보세요. 그러면 아이가 소방차를 "삐뽀삐뽀." 하며 불을 끄러 오겠지요. 아빠가 "아, 살려 주셔서 고마워요!" 하며 인형을 소방차에 태우면 아이가 입으로 "치이익." 소리를 내며 불 끄는 시늉을 합니다. 이것만으로도 놀이는 이전보다 훨씬 재미있습니다. 이처럼 스토리텔링을 활용하면 놀이가 재미있을 뿐만 아니라 아이의 사고력이 통합되면서 머릿속에 다양한 생각들이 반짝반짝 솟아오르게 됩니다.

아이의 통합적 사고력을 발전시키세요

스토리는 기본적으로 기승전결의 구조를 갖습니다. 도입이 있고 갈등이 생기고 이를 중재한 다음 마무리가 됩니다. 물론 아이의 연령에 따라 그 짜임새나 치밀도는 좀 다르겠지만 이렇게 하나의 구조를 갖고 흘러가는 것이 중요합니다. 그런데 혼자 노는 아이들은 '이거는 뭐, 저거는 뭐' 하는 식으로 끝없이 무언가를 나열하다가 끝이 나는 경향이 있습니다. 또 한 가지를 시작했다가 그것을 일관성 있게 쭉 끌고 가지 못하고 옆길로 새기 쉽습니다. 이때 어른의 도움이 필요합니다. 사물에 의미를 부여하고 때로는 곁가지를 치면서 핵심을 향해 나아갈 수 있도록 도와 주어야 합니다. 그러면 놀이가 재미있어질 뿐만 아니라 짜임새를 갖게 됩니다. 아주 작은 도움만으로도 아이의 놀이 수준이 월등히 향상됩니다.

1 아빠 이야기에 창의력 쑥쑥, 스토리텔링 놀이

로션 물고기와 함께하는 물장구 놀이

일만 하는 아빠의 보물창고

3~5세

준비물
크고 작은 화장품 튜브 여러 개, 유성매직

아빠가 들려주는 작은 이야기 하나에
아이들의 눈빛이 반짝입니다.
주변의 모든 사물이 아이의 친구가 되고
하루하루가 흥미진진한 모험과 상상으로 가득 찬 경험,
아빠가 먼저 아이에게 선물해 보세요.
로션 물고기 인형의 목소리를 흉내 내며 재미있는 이야기를 들려주세요.

비슷한 크기의 화장품 튜브를 모두 모으세요.
🧑 "아무도 없는 시간. 화장품들이 슬슬 움직이기 시작하더니……."

유성매직으로 눈을 그려 줍니다.
🧑 "어, 화장품 튜브들이 물고기가 되었네!"

🧑 (뭉툭이 형제) "아저씨, 안녕하세요? 우리는 뭉툭이 형제예요."

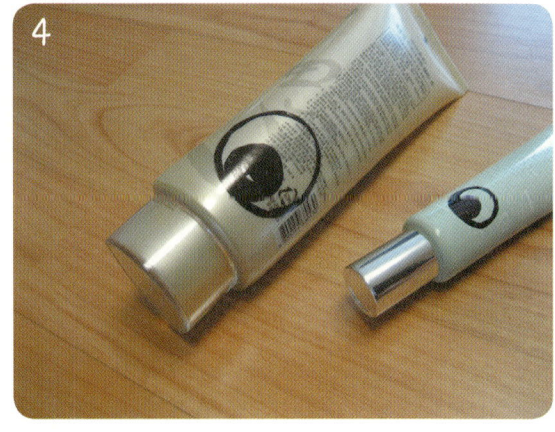

🧑 (길쭉이 아빠) "반갑다. 얘들아. 이 아이는 내 아들 길쭉이란다. 내가 외출하는 동안 길쭉이와 같이 놀아 줄 수 있겠니?"

🔴 아빠 (뭉툭이 형제) "걱정 마세요. 저희가 잘 놀아 줄게요. 길쭉아, 안녕? 이리 와. 형아들이랑 같이 놀자."

파랑 물고기의 뚜껑 안에 메롱~ 하는 혀를 그립니다.
🔴 아빠 (뭉툭이 형제) "길쭉아, 형아가 재미있는 것 보여 줄게. 메~롱! 하하, 재미있지?"

이제 물고기들을 모두 데리고 욕실 세면대로 갑니다.
🔴 아빠 "물고기들은 모두 수영장에 갔어요. 그런데 길쭉이는 물이 무서운지 가장자리에서만 놀아요."

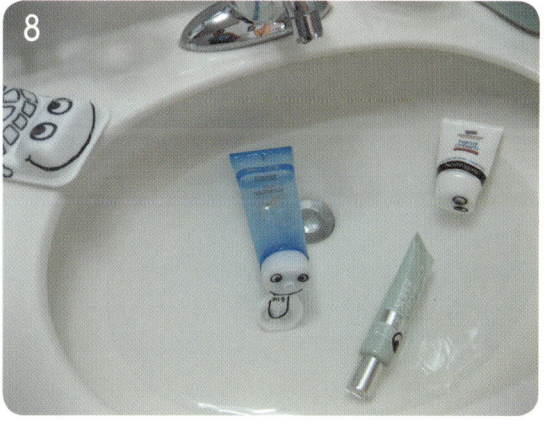

🔴 아빠 (뭉툭이 형제) "길쭉아, 물 하나도 안 무서워. 겁내지 말고 이리로 와! 나 잡아 봐라, 메~롱!"
(길쭉이) "형, 이리 안 와?"

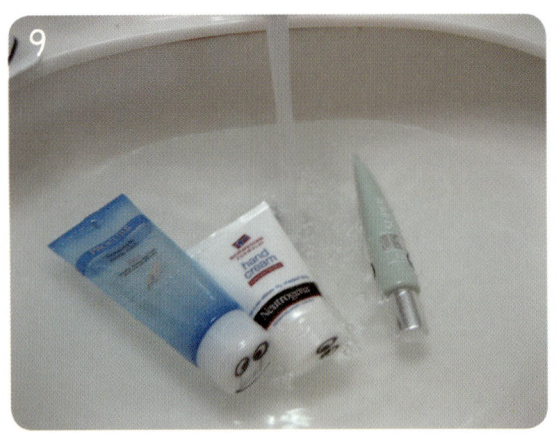

이때 쏴아~ 하고 수도꼭지 폭포를 틀어 주세요.
아빠 (뭉툭이 형제) "으악, 폭포다!"

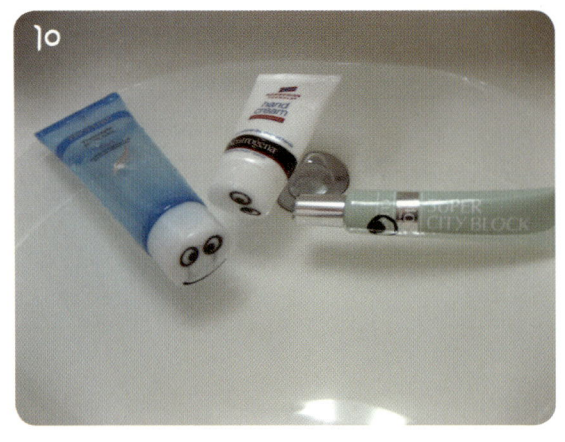

이제 수도꼭지를 잠그세요.
아빠 (뭉툭이 형제) "길쭉아, 폭포를 지나왔으니 이제 안심해도 돼. 어때? 이제 물이 무섭지 않지?"
(길쭉이) "응, 정말 재미있었어. 다 형아들 덕분이야."

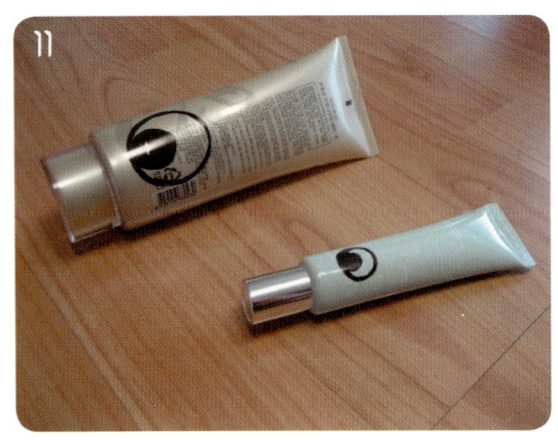

아빠 물고기가 돌아왔습니다.
아빠 (길쭉이) "아빠! 오늘 정말 재미있었어요. 저는 뭉툭이 형아들이 참 좋아요."
(길쭉이 아빠) "그래? 그럼 다음에 그 친구들을 집으로 초대하자꾸나."

이렇게 화장품 물고기랑 한참 놀던 아이가
엄마에게 달려가더니
"엄마! 다른 화장품도 주세요!"라고 하네요.
"안 돼. 다 써야 물고기로 변할 수 있는 거야."
"그럼, 다 짜 버리고 주세요."
그날 아이를 말리느라
아주 혼이 났습니다.

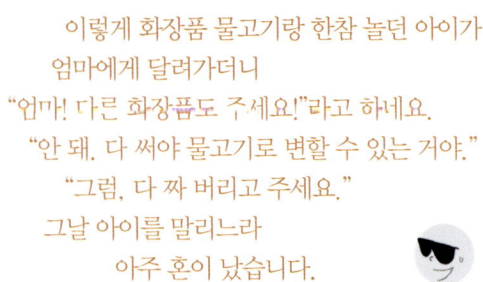

2 아빠 이야기에 창의력 쑥쑥, 스토리텔링 놀이

끝까지 함께해 줘, 풍선 로션의 러브스토리

4~6세

준비물
다 쓴 펌프식 로션통, 풍선, 유성매직, 고무줄, 스카치테이프

로미오와 줄리엣의 애절한 사랑이 '로미션과 풍리엣 이야기'로 다시 태어났습니다.
쉴 새 없이 서로에게 사랑의 입김을 불어넣는 로션 가문의 로미션,
그의 사랑을 받아 몸이 점점 뚱뚱해지는 풍선 가문의 풍리엣.
이들의 사랑은 이루어질 수 있을까요?
설마 로미션의 사랑을 너무 많이 받은 풍리엣이
펑~하고 터지는 비극으로 끝나는 건 아니겠죠? 하하.

다 쓴 펌프식 로션통과 풍선을 준비합니다.
아빠 "로션 집안의 아들 로미션, 풍선 집안의 딸 풍리엣. 로미션과 풍리엣 집안은 오래전부터 사이가 무척 안 좋았단다."

풍선 끝을 로션 입구에 스카치테이프로 붙여 주세요. 그런 다음 고무줄로 여러 번 감아 줍니다.
아빠 "하지만 로미션과 풍리엣은 보자마자, 아니 아직 눈이 없으니 보기도 전에 자석처럼 달려들어 뽀뽀하기 시작했단다."

펌프질을 몇 번 해서 풍선이 조금 부풀어 오르면 풍선과 로션통 윗부분에 유성매직으로 눈을 그려 줍니다.
아빠 (로미션) "오, 풍리엣, 당신은 정말 작고 귀엽군요!"
(풍리엣) "오, 로미션, 당신은 정말 잘생겼어요."

계속 펌프질을 해 풍선을 키워 주세요.
아빠 "시간이 흐를수록 이 둘의 사랑은 점점 깊어졌어."

👨 (로미션) "오, 풍리엣, 당신은 점점 뚱뚱해지고 있어요."
(풍리엣) "오, 로미션, 당신의 사랑으로 제 몸이 터질 것 같아요."

👨 "신이 난 두 사람은 춤을 추기 시작했어. 라라 라라……"
로미션을 빙글빙글 돌려 보세요.

👨 (로미션) "헥헥헥, 풍리엣, 당신이 너무 뚱뚱해서 도저히 움직일 수가 없소. 좀 쉬어야겠소."
아이고, 어깨가 다 아프네요. 만드는 건 10분이었는데 펌프질하는 건 20분이나 걸렸습니다.

로미션과 풍리엣의 사랑은 희극인지 비극인지 모르겠네요. 어쨌든 풍리엣이 터질 염려는 하지 않아도 됩니다.
최소한 한 시간 이상은 로미션을 펌프질을 해야 그런 상황이 일어날 테니까요.
다음 날 아침 살펴보니 다행히 풍리엣의 공기가 그렇게 많이 빠지지는 않았더군요.
다시 펌프질할 생각을 하니 아찔했는데 참 다행입니다.

3 아빠 이야기에
창의력 쑥쑥,
스토리텔링 놀이

냠냠, 몰래 혼자 먹는 건 정말 맛있어, 얄미운 식탐 인형

5~7세

준비물
요구르트 종이 포장재,
유성매직

나는 먹어 본 적도 없는 요구르트.
하지만 매일 이렇게 빈 용기만 보게 되어 궁금해집니다.
대체 누가 매일 소리 없이 요구르트를 먹는 것일까요?
아빠에게는 맛보라는 말도 없이
매일 냠냠 혼자만 맛있는 것을 먹는 얄미운 꼬마가 있다면
이 식탐 인형을 만들어 줘 보세요.

자, 이것이 오늘의 주인공. 알맹이는 없고 껍데기만 남은 요구르트 종이 포장재입니다.

아빠 "아함, 기지개를 한 번 쭈욱 펴 볼까?"

종이가 찢어지지 않게 뜯어 내서 길게 펼쳐 보세요. 자, 뭔가 보이는 게 있나요?

이 재미있는 구멍 부분에 특히 눈길이 갑니다. 세모 눈과 네모 입을 한 요구르트 괴물이 눈에 딱 들어 오네요.

자, 이렇게 뒤집어 보면 더 잘 보이지요?

아빠 "이 녀석, 너였구나! 요구르트를 매일 먹은 게."

유성매직으로 말풍선을 그려 넣고 재미있는 말을 써 넣어 보세요.
아빠 "아니에요, 전 하나도 먹지 못했어요. 저도 한 입만 주세요!"

자, 이제 반대편도 살펴봅니다.
아까 보았던 얼굴과는 조금 다른, 눈매가 순하고 돼지코를 가진 요구르트 괴물이 있습니다.
아빠 "이봐, 이번에는 너 맞지?"

유성매직으로 입맛을 다시는 표정을 그려 줍니다.
아빠 "헤헤, 맞아요. 저예요. 아, 몰래 먹는 것은 정말 맛있어! 오물오물."

결국 요구르트 범인을 잡았네요.
아이에게 한번 물어보세요.
"너는 어떻게 먹을 때 가장 맛있니?
그냥 먹을 때, 몰래 먹을 때, 뺏어 먹을 때······?"
기왕이면 함께 나누어 먹을 때가
가장 좋겠지요?

4 아빠 이야기에 창의력 쑥쑥, 스토리텔링 놀이

세상에서 둘도 없는 친구가 된 밀대 잠자리

3~8세

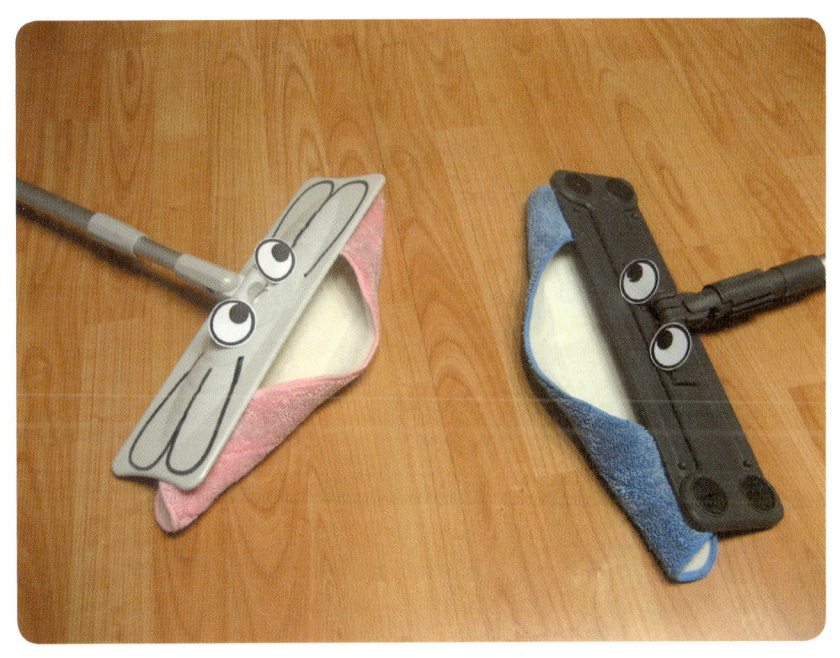

준비물
밀대 2개, 밀대 패드 2장, 유성매직, 눈 스티커

아이의 방을 윤이 나게 반짝반짝 닦아 주는 밀대 잠자리가
친구를 사귀면 두 배로 더 신나게 청소를 한다지요?
하기 싫은 청소도 아빠의 이야기 하나에
더없이 재미있는 놀이가 되는 이야기의 신비로운 힘!
사실 이 이야기는 도통 방청소를 할 줄 모르는 아이를 위한 것이기도 합니다.
그럼, 밀대 잠자리의 친구 사귀기 이야기를 시작해 볼까요?

놀이를 동영상으로 즐기세요

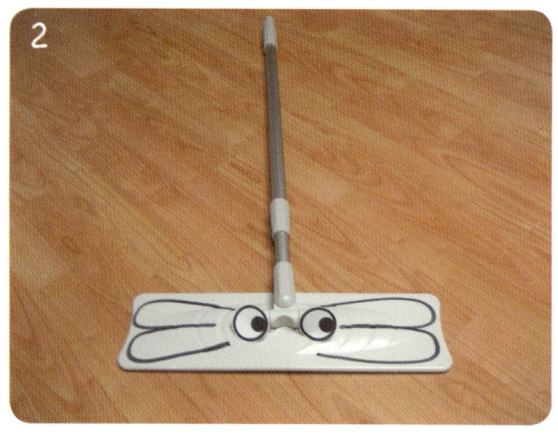

밀대를 준비합니다.
아빠 "어느 깊은 숲 속, 아니 집 속에 잠자리 한 마리가 살고 있었어."
아이 "잠자리? 이게 무슨 잠자리야?"

눈 스티커를 붙이고 양 날개를 그려 줍니다.
아빠 "자, 봐. 이렇게 눈이 생기고 날개가 생기니까 잠자리 맞지?"
아이 "와! 정말 잠자리네."
아빠 "안녕? 깜박깜박……. 나는 잠자리냐야."

나머지 밀대에도 눈 스티커를 붙여 주세요. 그런데 이 밀대는 색도 까맣고 울퉁불퉁해서 날개를 그리기가 좀 곤란하군요.
아빠 (잠자리냐) "어? 넌 누구니?"
(잠자리노) "내 이름은 잠자리노야. 너와 똑같은 밀대 잠자리란다. 우리 친하게 지내자."

아빠 (잠자리냐) "어머머, 너랑 내가 똑같다고? 흥 별꼴이야. 횡~."
(잠자리노) "어, 잠깐만, 잠깐만! 가 버렸네……."

아빠 (잠자리노) "잠자리나야, 자, 선물이야. 받아."
(잠자리나) "어? 이게 뭐니?"

아빠 (잠자리나) "와, 폭신폭신하고 촉감 좋은데?"

아빠 (잠자리나) "두건 같기도 하네. 나처럼 뽀얗고 예쁜 잠자리에게 꼭 맞는 선물이네!"

아빠 (잠자리노) "마음에 드니? 짠! 나도 준비했지롱."
(잠자리나) "하하! 그게 뭐야? 남자가 무슨 머리띠니?"

아빠 (잠자리노) "왜, 스파일 몰라? 스파일?"
(잠자리나) "푸하하하하! 너 정말 재미있는 아이로구나?"

아빠 (잠자리나) "우리 친구로 지내자."
(잠자리노) "좋아. 너랑 친구가 되어서 참 기뻐. 우리 재미있게 놀자."

아빠 (잠자리노) "헤헤, 나 잡아 봐라."
(잠자리나) "너, 거기 안 서?"
그렇게 해서 두 밀대 잠자리는 세상에 둘도 없는 친구가 되었습니다.

여러분도 밀대 잠자리 두 마리를
아이와 함께 키워 보세요.
한 마리는 아빠 것, 또 한 마리는 아이 것.
이때 한 가지 주의사항이 있습니다.
밀대 잠자리는 그냥 놔두면 살이 쪄서
하늘을 날지 못한대요.
그러니 매일 10분씩 운동을 시켜 줘야
저렇게 날씬한 잠자리 몸매가 유지된다죠?
(아무래도 엄마가 만든 주의사항 같습니다.)

5 아빠 이야기에
창의력 쑥쑥,
스토리텔링 놀이

부직포 가방에서 태어난 입 큰 개구리

5~8세

준비물
부직포 가방,
유성매직

설날 선물이 담겨져서 온 부직포 가방.
오늘도 일만 하는 아빠의 눈이 번쩍 뜨였습니다.
오, 이것은 날이면 날마다 찾아오지 않는,
평소에는 돈 주고도 살 수 없다는, 그 이름도 유명한 명품백!
커다랗기만 한 부직포 가방이 왜 명품이냐고 묻는다면
다음 과정을 한번 잘 살펴보세요.

부직포 가방을 훌러덩 뒤집어 보세요. 장인의 손길, 아니 재봉틀 자국이 한 땀 한 땀 드러나지요?

바닥 부분의 각을 잘 잡고 이렇게 오똑 세워 보세요.

그런 다음 옆면이 삼각형이 되도록 그림처럼 잘 접습니다.

🔴 아빠 "개구리야, 개구리야~, 어서 일어나!"
🔴 아이 "아빠, 개구리가 어디 있어요?"

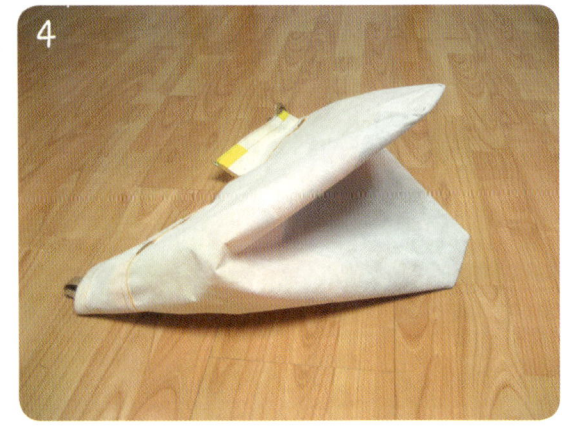

이렇게 커다란 입이 되도록 가운데를 접어 보세요.

🔴 아빠 "자, 이제 개구리가 보이지?"
🔴 아이 "와, 정말이네? 입이다, 입이 엄청 큰 개구리다!"

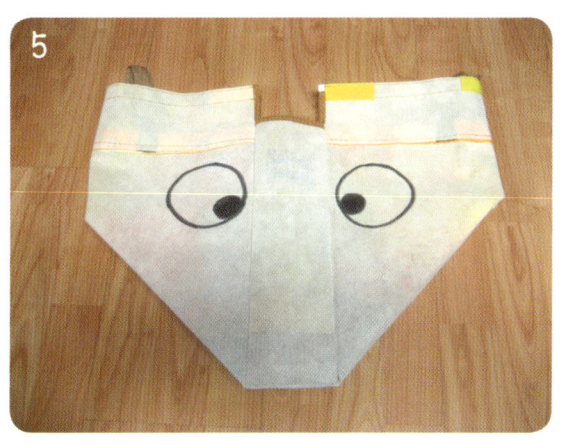

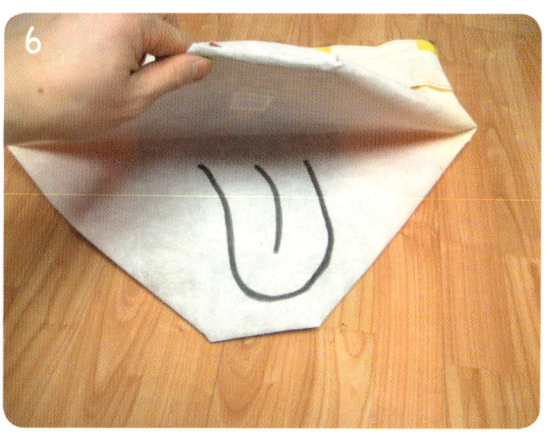

🔴아빠 "개구리야, 개구리야, 나랑 놀자."
유성매직으로 눈을 크게 그려 줍니다.
🔴아이 "번쩍! 응? 벌써 봄인가?"

🔴아빠 "너 겨울잠 자느라 몇 달 동안 땅속에서 아무것도 안 먹었지? 건강 상태 한번 보자. 아, 해봐."
🔴아이 "아~."

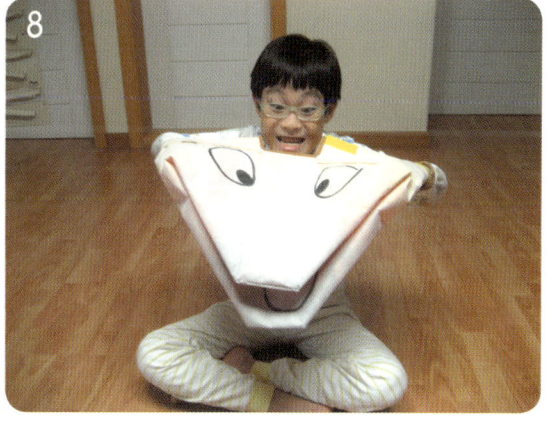

🔴아빠 "오호, 양호하군. 자, 그럼 활동 시작!"
🔴아이 "헤헤, 개골, 개골!

이제 아빠가 조금만 도와줘도 아이 스스로 인형을 갖고 잘 노는군요.
🔴아이 "자, 오랜만에 움직이니 스트레칭도 좀 해봐."

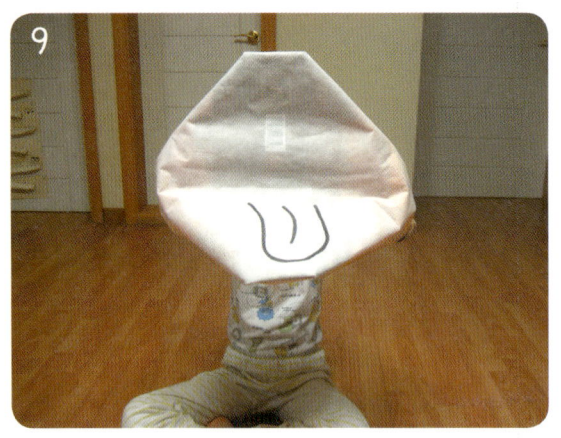

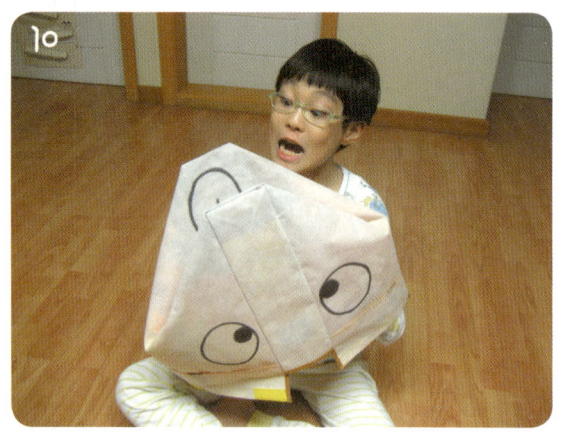

아이 "아흥, 널 삼켜 버리겠다!"
아빠 "너…… 너, 개구리 맞니? 정말 무서워."

아이 "뭐야, 봄이라고 하더니 영하 10도잖아? 아아악, 나 다시 땅속으로 돌아갈래~."
아빠 "안 돼, 안 돼. 집 안은 따뜻하잖아. 밖에 나가지 말고 나랑 집에서 놀자."

휴, 개구리가 겨우 진정이 되었네요.
아빠 "자, 해도 바뀌었는데 개구리와 함께 세배 한번 올려 봐."
아이 "새해 복 많이 받으세요. 그리고 세뱃돈 많이 많이 주세요."

부직포 가방이 왜 명품인지 이제 이해되지요? 눈을 그린 자리에 구멍을 뚫어 큰 탈로 만들어 '잡기놀이'를 해도 재미있습니다.

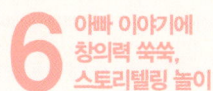
6 아빠 이야기에
창의력 쑥쑥,
스토리텔링 놀이

아빠와 함께 쓰는 동화책, 고래밥이 될 뻔한 아이

6~8세

준비물
아이 몸이 들어갈 수 있을 만큼 큰 종이 상자, 유성매직, 칼, 물개 인형

아이 동화책이 점점 늘어나면서 새 책장을 들였습니다.
새 책장이 온 것만 해도 좋은데, 책장을 싸고 있던 큰 종이 상자!
아이는 책장만큼이나 큰 그 엄청난 크기에 벌써부터 신이 났습니다.
아무래도 이것도 그냥 버리기에는 아깝군요.
그래서 이번에는 아이와 함께 재미있는 모험 이야기를 만들어 보기로 했습니다.
아이와 아빠가 함께 쓰는 동화책입니다.

아빠가 상황을 설정하고 대사를 해주면 아이는 그에 따라 행동을 하는 놀이입니다.

아빠 "자, 새 책장이 왔으니 일단 책부터 차곡차곡 넣어야지."

아이 (책장에 책을 부지런히 꽂네요.)

아빠 "어, 배가 나타났다! 책을 날랐더니 좀 지치는군. 배에서 잠이나 좀 잘까?"

아이 (잠을 자는 척 상자 속에 눕습니다.)

상자 안에 유성매직으로 큰 고래 한 마리를 그려 줍니다. 잘 그리지 못해도 상관없습니다. 입을 크게 앙~ 하고 벌린 모습으로 그려 보세요.

아빠 "고래다! 고래가 나타났다! 아이는 배 안으로 숨습니다."

아이 (재빨리 상자 속에 엎드려 숨습니다.)

칼로 고래의 입 부분을 오려 큰 구멍을 만들어 준 다음 세로로 세워 보세요.
아빠 "나는 고래다!"
아이 "아아악~, 무서워~."
이제 아이는 거의 흥분 모드네요.

아빠 "도망가 봐야 소용없어. 너를 삼켜 버릴 테다. 앙!"
아이 "안 돼! 도와 줘!"

아이가 갑자기 태권도 발차기로 고래를 공격하네요.
아이 "얏~ 퍽퍽!"
아빠 "이때 고래 뱃속에 숨어 있던 물둥이도 함께 탈출했습니다"
아이 (물둥이와 함께 고래를 피해 도망칩니다.)

처음에는 아빠가 주도하지만 조금만 익숙해지면
아이 스스로 연기파 배우가 되어
멋진 이야기를 만들어 갑니다.
앞서 만든 재활용품 장난감이나
좋아하는 인형을 등장시켜 새로운 놀이로
발전시켜도 재미있습니다.

7 아빠 이야기에 창의력 쑥쑥, 스토리텔링 놀이

백설 공주와 보디가드 난쟁이의 공든 탑쌓기

5~8세

준비물
다 마신 요구르트 병
10~15개, 유성매직

다 마신 요구르트 병에 유성매직으로 눈을 그려 보세요.
속눈썹 달린 백설 공주, 옆을 보는 난쟁이, 앞을 보는 난쟁이, 선글라스를 낀 난쟁이 등등.
장난감 병정처럼 앙증맞고 귀엽네요.
아이가 원하는 표정을 그려 주거나 아이에게 직접 그리게 해도 좋습니다.
표정이 다양할수록 놀이는 더욱 재미있습니다.
만약 눈 그리는 것이 어렵다면 눈 스티커를 이용해도 좋습니다.

요구르트 병을 일렬로 죽 늘어놓아 보세요.
아빠 "자, 여러분은 유산균 최고의 정예 멤버입니다. 오늘은 체력 훈련을 하겠어요."

한가운데 속눈썹이 긴 백설 공주를 모셔옵니다. 요구르트 병 난쟁이들은 공주님의 보디가드입니다.
아빠 "자, 우리는 모두 백설 공주를 경호해야 하는 막중한 임무가 있다."

아빠 "각자 위치로!"
요구르트 병 난쟁이가 앞으로 나옵니다.

그런 다음 그 위에 요구르트 난쟁이들을 하나씩 하나씩 쌓아올려 보세요. 한 번은 아빠가, 또 한 번은 아이가 번갈아 가며 쌓아올립니다.
아빠 "높이 올라가서 적들이 오는지 감시하는 것이 우리들의 임무다!"

아빠 "어이, 거기 전망 좋냐?"
요구르트 난쟁이들은 덜덜 떨며 경호 훈련을 계속합니다.

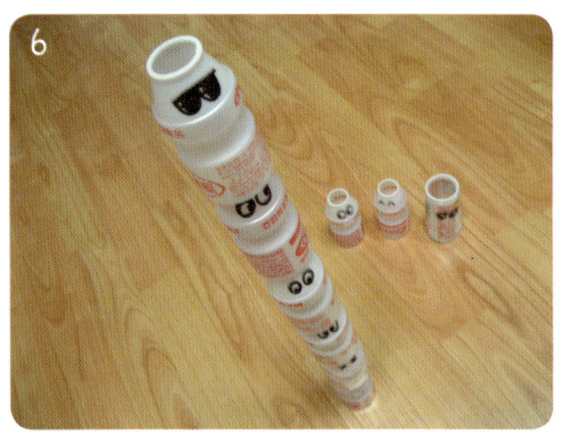

아빠 "아아, 무서워, 무서워, 너무 높이 올라오니 차라리 아래가 보이지 않게 선글라스를 끼는 것이 좋을 것 같아."

아빠 "와당탕탕, 아이고 허리야, 아이고 다리야……."
저런 저런, 모두 엎어져 버리고 말았네요.

아빠 "자자, 다시 훈련 개시! 이제 다른 방법으로 훈련을 해보겠다."
아이와 아슬아슬 탑쌓기 놀이를 해 보세요. 아무리 공을 들여도 5개 넘기가 쉽지 않네요. 하지만 요구르트 난쟁이들이 우당탕탕 쓰러지는 모습이 정말 웃겨 아이와 한참 깔깔거렸습니다.

8 아빠 이야기에
창의력 쑥쑥,
스토리텔링 놀이

커피 마시며 일만 하는 꿀벌 인형

4~6세

준비물
다 마신 커피 용기,
눈 스티커, 유성매직

긴 빨대가 꼭 꿀벌의 입처럼 보이는 꿀벌 인형입니다.
여행 등 장거리 운전을 하면 이런 종류의 제품을 사게 되는데요,
문득 커피를 다 마시고 보니 눈이 번쩍 뜨이는 것이 아니겠습니까?
맞습니다. 아무래도 전 재활용품 놀잇감을 너무 많이 만들었나 봅니다.
모든 것이 이렇게 인형이나 장난감으로만 보이니 말입니다.
그럼, 꿀벌 이야기를 시작해 볼까요?

놀이를
동영상으로
즐기세요

다 마신 커피 용기입니다. 할 일을 다한 이 용기는 쓰레기통으로 가는 것이 맞겠지만……, 엇, 무언가 보입니다.

용기 윗부분에 눈 스티커를 붙입니다.
보세요, 정말 간단하게 꿀벌이 되지 않았나요?

뭐라고요? 모기라고요? 안 되겠습니다. 꿀벌의 자존심인 날개를 달아 줘야겠습니다. 유성매직으로 쓱쓱 날개를 그려 주세요.
날개 부분을 칼로 도려 내 입체적으로 만들어 볼까 하는 생각이 들었는데, 절단면에 아이 손이 다칠 것 같아 그냥 두었습니다

아빠 "비~~ 비~~ 아, 배고파, 꽃은 어디 있지?"

🔴아빠 "앗, 발견했다. 저기 있다!"

빨대를 길게 뽑아 봅니다. 입이 길게 늘어나는 걸 보니 로봇팔을 가진 가제트 형사가 생각납니다. 넌, 가제트 꿀벌?

🔴아빠 "쪼옥, 쪼옥, 아, 맛있어. 바로 이 맛이야!"
"꺼억~ 많이 먹었으니 이제 좀 쉬어 볼까? 아니! 꿀벌은 쉬지 않고 열심히 일을 해야 해. 항상 일만 하는 아빠처럼 말야."

커피를 마시며 항상 일하는 일중독 꿀벌. 이렇게 장난감을 만들어 아주 간단한 이야기 하나만 붙여 줘도 아이 마음속에 영원히 남아 있는 캐릭터가 됩니다.

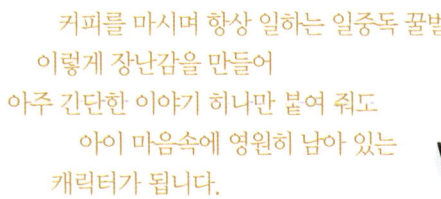

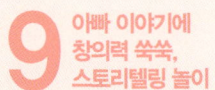
9 아빠 이야기에
창의력 쑥쑥,
스토리텔링 놀이

빨래 놀이터의 장난꾸러기, 양말이의 하루

4~6세

준비물
아이 양말, 엄마 양말,
아빠 수건, 아빠 속옷,
눈 스티커, 빨래 건조대

아빠와 아이가 함께 만드는 이야기! 오늘의 주인공 '양말이'를 소개합니다.
보시다시피 무척 꼬질꼬질한 양말이는
아빠 수건과 엄마 양말의 사랑을 듬뿍 받으며 자란
빨래 놀이터 마을의 장난꾸러기입니다.
아이 양말에 눈 스티커만 붙여 주면 양말이로 변신 성공!
하지만 진짜 이야기는 이제부터 시작입니다.

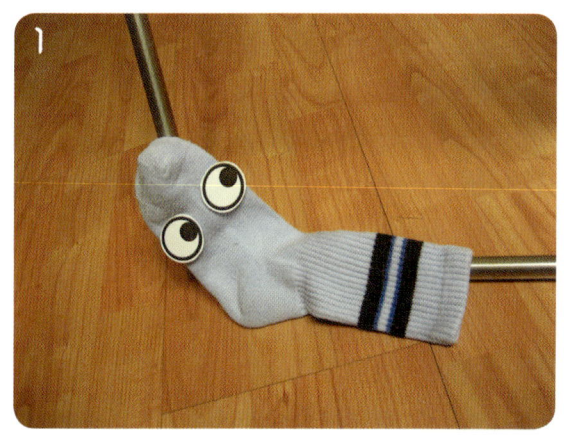

🧦 (양말이) "아빠, 아빠 어디 계세요? 이상하다. 빨래 놀이터에서 기다리고 계신다고 했는데, 어디 계시지?"

양말이를 빨래 놀이터 이곳저곳으로 옮겨 봅니다.
🧦 (양말이) "두리번두리번, 아무리 찾아도 안 보이네. 아빠, 어딨어요?"

양말이가 빨래 놀이터에 널려 있는 아빠 속옷으로 다가갑니다.
🧦 (양말이) "어? 이게 뭐지? 큼큼…… 으엑! 이건 아빠 땀냄새가 분명한데."

수건을 길게 말아 눈 스티커를 붙여 줍니다. 양말이가 그토록 애타게 찾던 아빠의 등장입니다.
🧦 (양말이 아빠) "아빠, 없~다!"

🔴아빠 (양말이) "아, 아빠 여기 계셨군요! 엄청 찾았잖아요."
(양말이 아빠) "녀석도 참, 뭘 그렇게 아빠를 찾아."

🔴아빠 (양말이) "전 아빠랑 노는 게 참 좋아요."
(양말이 아빠) "어, 위험해! 너 그렇게 놀다가 다친다!"
(양말이) "괜찮아요. 걱정 마세요. 으악~ 떨어진다!"

🔴아빠 (양말이 아빠) "괜찮니? 거봐, 아빠가 조심하랬잖아."
(양말이) "휴~, 살았다. 아빠, 고마워요."
(양말이 아빠) "조심해서 놀아야 한다. 아빠는 다시 빨래 돌리러 갈게. 그동안 너는 빨래를 개고 있으렴."
(양말이) "엄마 쉬시라고 아빠가 빨래 돌리시는 거예요. 우와, 우리 아빠 진짜 멋쟁이네~."

그런데 양말이는 빨래는 개지 않고 다시 빨래 놀이터로 놀러갔습니다. 거기서 처음 보는 친구를 만났습니다.

🔴아빠 (양말이) "야, 너 누구니? 우리 놀이터에서 처음 보는데?"

(아빠) (왕눈이) "야라니! 너 몇 살인데 야라고 하냐?"
(양말이) "이게! 어디 한판 붙어볼 테야? 너 내 머리 잡았어? 당장 놓지 못해? 너 반칙이야!"

(아빠) (왕눈이) "으악! 떨어진다!"
(아빠) (양말이) "어엇, 위험해! 조심해야지!"
(왕눈이) "휴~, 떨어질 뻔했네. 네 덕분에 살았다. 고마워, 양말아."

(아빠) (양말이) "좋아. 자, 악수. 우리 사이좋게 지내자."
(왕눈이) "그래 좋아. 그런데 너 국산이니? 몸이 꽤 유연하던데?"

목소리를 바꾸어 가며 이야기를 이어가는 것이 조금 어색하고 쑥스러울지도 모릅니다. 하지만 아이들은 아빠가 들려 주는 아주 작은 이야기 하나에도 귀를 쫑긋 세웁니다. 그리고 스스로 또 다른 양말이 이야기를 만들어 내겠지요. 그것으로 아빠의 노력은 대성공입니다! 한번 도전해 보세요.

10 아빠 이야기에 창의력 쑥쑥, 스토리텔링 놀이

수다쟁이 엄마 여우와 귀여운 아기 늑대 이야기

6~8세

준비물
가운데가 위로 열리는 상자 2개(큰 것과 작은 것), 유성매직, 칼

우리집 나라에 살고 있는 엄마 여우와 아기 늑대 이야기입니다.
엄마 여우는 수다쟁이고, 아기 늑대는 장난꾸러기이지요.
슬슬 배가 고파오는 어느 일요일 아침,
다 먹은 과자와 커피믹스 상자 속에서 나타난 엄마 여우와 아기 늑대 이야기.
아빠가 만든 재활용품 탈을 엄마와 아이가 함께 쓰고
온 가족 모두 즐거운 시간을 만들어 보세요.

아빠 사무실에서 가져온 상자입니다. 이렇게 한쪽 면이 젖혀지도록 절취선이 있는 상자를 사용합니다. 그다음 유성매직으로 귀 모양을 그려 줍니다.

귀 모양을 칼로 잘라 낸 후 쫑긋 세워 주세요. 볼펜 대로 잘라 낸 부분을 문질러 손이 다치지 않게 해 주는 것도 잊지 마세요.

아이의 얼굴에 대 보며 눈과 코 위치를 확인하고 유성매직으로 눈과 코를 그려 주세요. 그런 다음 칼로 사진처럼 눈구멍과 코를 잘라 내면 됩니다.

마지막으로 유성매직으로 커다란 혀를 그려 주세요.

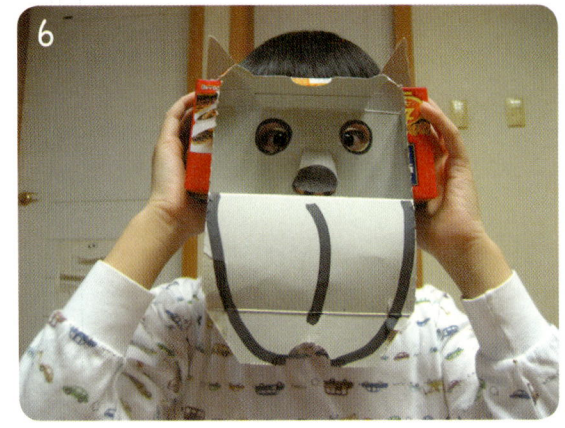

같은 방법으로 눈, 코, 메롱 혓바닥을 그려 엄마 여우 가면도 만들어 줍니다. 엄마 여우는 좀 더 큰 상자가 어울리겠지요? 색깔이 조금 다른 유성매직을 이용하면 아이와 구분이 되겠네요.

이제 완성된 탈을 쓰고 연극 놀이를 해보세요.
- 엄마 "우리 아가, 일어났니?"
- 아이 "응, 엄마. 놀아 줘, 놀아 줘요."
- 엄마 "너 방학 숙제 다 했니? 어서 방으로 가서 숙제해. 너 숙제 다할 때까지 엄만 조용히 있을게."

- 아빠 "때르르릉! 전화 받으세요!"
- 엄마 "여보세요? 응, 그래. 호호호호~. 어제 드라마가 어쩌고 저쩌고……. 마트에서 그게 싸느니 안 싸느니 정말……. 옆집 엄마의 사돈의 팔촌의 이웃의 남편이 글쎄……."
- 아이 "엄마! 정말 시끄러워서 숙제 못하겠거든요?"

- 엄마 "어머! 미안, 미안~ 엄마가 잠시……. 여보, 이게 모두 당신이 내 입을 크게 만들었기 때문이에요. 책임지세욧!"
- 아이 "엄마, 그거 입 아니거든요~, 혀거든요."

온 가족이 아침 먹는 것도 까먹고 여우 늑대 가면 놀이에 빠졌답니다.

10년이면 강산도 변한다더니 아이도

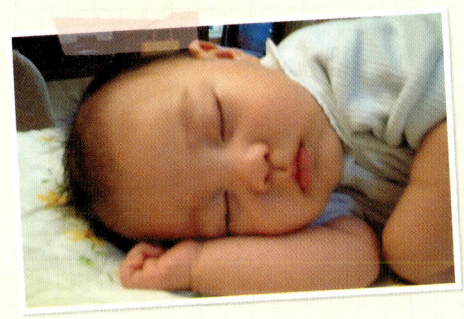

10년이면 강산도 변한다더니,
말도 느리고 늘 얌전했던 이 아이가

이렇게 변했어요.
참, 오래 살고 볼 일입니다.
앞으로 10년 뒤에는 어떤 모습으로
변해 있을지 상상이 되질 않네요.
아이 사진 많이 챙겨 둬야겠습니다.

아이의 공을 살펴 보세요.
세상에는 새것처럼 잘 보관되어 있으면
안 되는 것이 있습니다.

3장

온몸을 움직이는 신나는 놀이

더 쉽게! 더 재미있게!
더 짜릿하게!

피곤한 아빠도 쉽게 할 수 있는 놀이

지친 몸으로 퇴근한 아빠들은 만사가 귀찮습니다. 복잡하고 머리 쓰는 것은 딱 질색이지요. 퀴즈, 숨은 그림 찾기, 낱말 맞추기, 연상 게임 등 숙제처럼 생각하고 답을 맞혀야 하는 게임은 별로입니다. 하루 종일 머리가 복잡하고 피곤해 죽겠는데 집에 와서까지 힘들게 놀고 싶지 않거든요. 그래서 일단 내가 쉽고 편하게 놀기 위해서라도 복잡한 놀이는 피합니다. 그래서 머리 안 쓰고, 좀 단순해도 주사위 던지고 가위바위보 하고 뿅망치로 뿅 때리면 되는 그런 간단한 놀이를 만들게 되었습니다.

그렇다고 만들기만 쉽고 재미가 없으면 안 되겠지요. 그래서 재미있고 짜릿한 놀이 비결을 다음과 같이 소개합니다.

재미있는 놀이 비결 1 : 승부욕 자극

10분간 승부가 한 번 갈리는 놀이보다 10분간 승부가 10번 갈리는 놀이가 승부욕을 더 자극하게 마련입니다. 가위바위보가 그 좋은 예입니다. 가위바위보는 1초 만에 승부가 갈리기에 한 번 져도 또 이길 수 있고, 이겨도 또 질 수 있습니다. 이렇게 짧은 시간에 승패가 갈리는 놀이가 재미있습니다.

재미있는 놀이 비결 2 : 흥미와 긴장감

만약 규칙이 있는 놀이를 한다면 첫 세 판은 아이에게 져 주는 것도 괜찮습니다. 아이가 놀이에서 이겼을 때의 짜릿함을 맛보면 놀이에 더욱더 빠져들게 됩니다. 물론 아이가 쉽게 이길 수 있도록 규칙을 간단하게 만드는 것도 좋은 방법입니다. 하지만 계속 져 주면 도리어 아이의 긴장이 풀려 재미가 없습니다. 놀이 맛을 어느 정도 봤다 싶을 때 아빠가 실력 발휘를 해 실패의 아쉬움도 동시에 느끼도록 해 주세요. 아이의 입에서 "에잇, 한 판 더!" 하는 소리가 나온다면 성공입니다.

아이가 놀이에 어느 정도 익숙해지면 규칙의 난이도를 조금 올리는 것도 좋습니다. 그러면 아이가 놀이 내내 긴장하게 됩니다. 국가대표팀이 야구나 축구에서

피곤하고 지친 아빠에게는 뭐니뭐니해도
간단하고 단순한 놀이가 최고입니다.

이기면 그 승리의 기쁨이 몇날을 가듯, 10분간 놀이를 하며 느낀 재미가 하루 종일 갈 수도 있습니다.

재미있는 놀이 비결 3 : 반전의 묘미

책을 읽든 밥을 먹든 늘 똑같은 것은 재미가 없습니다. 반복되는 일과라도 한 번쯤은 무언가 새로운 일이 있어야 지겹지 않고, 아이가 좋아하는 놀이도 때때로 다른 형태로 바꿔 줘야 더 재미있습니다. 재미있는 개그 프로그램을 보면 이런 반전의 묘미를 잘 느낄 수 있지요. 개그는 사실 반전의 연속입니다.

예를 들어, 늘 읽던 동화책을 읽어 줄 때 "흥부와 놀부가……, 가위바위보를 했습니다." 하고 갑자기 바꿔서 읽어 줘 보세요. 퇴근할 때 현관문 앞에서 외투를 앞으로 돌려 입고 "나는 외투 괴물이다!" 하며 갑자기 아이를 공격해 보세요. 양말을 벗으며 "내 양말 미사일을 받아라!"라고 외쳐 보세요. 아이가 반격하면 옷장의 양말을 꺼내 침대 너머로 던지며 아이와 치열한 전쟁을 치를 수도 있습니다. (단, 엄마가 화내기 전에 재빨리 치워야 합니다. 엄마의 반전은 피하는 것이 좋으니까요.)

양말 전쟁도 매일 똑같이 하는 것이 아니라 하루는 양말을 던지다 갑자기 바닥을 기어가며 "잠수함 공격!" 하고 아이에게 기습 공격을 감행해 보세요. 그러다 이불 속으로 들어가 '터널 작전'을 펼칠 수도 있고, 날아오는 양말을 피하면서 베개를 들고 '보호막!' 하고 외칠 수도 있습니다. 같은 놀이라도 예상치 못한 반전을 넣으면 아이도 즐거운 긴장을 하게 되고 놀이에 대한 기억도 더 오래가게 됩니다.

재미있는 놀이 비결 4 : 적극적인 리액션

아빠의 적극적인 몸짓과 목소리, 리액션은 아이의 즐거움을 극대화합니다.

"슈우웅, 펑!"

"공격!"

아빠의 적극적인 리액션이 놀이의 재미를 극대화합니다.

"계속해서 던져라! 끝까지 싸워라! 절대 포기하지…… 윽, 맞았다!"

이렇게 입은 물론 온몸으로 음향 효과, 특수 효과를 넣어 보세요.

만약 아이와 맞대결을 펼치는 놀이라면 10년 만에 외나무다리에서 원수라도 만난 것처럼,

"드디어 이날이 왔구나! 너와의 한판을 위해 칼을 갈았다! 자, 어서 덤벼라!"

하고 분위기를 한껏 조성해 보세요. 공에 맞거나 상대의 무기를 떨어트릴 때에도 수류탄을 다루듯 몸을 한 바퀴 돌리거나 두 팔을 번쩍 드는 리액션을 해보세요. 옆에서 보는 사람도 없으니 아빠의 창피함은 10분간 주머니 속에 넣어 두면 됩니다. 아이의 반응은 상상 그 이상입니다.

 이보연 선생님 아빠 놀이 도움말

아빠 놀이의 장점, 최대한 활용하세요

아들에게 꼭 필요한 아빠 놀이

　남자는 이른바 '거친 놀이'라 불리는 행위를 평생 한다고 하지요. 이를테면 뒤통수를 갑자기 확 때린다든지 힘으로 거칠게 압박을 가하다든지 이런 짓궂은 행동을 유아기, 청소년기는 물론 성인이 되어서도 계속합니다. 이처럼 공격성과 활동성을 타고난 남자아이들은 어릴 때부터 적절한 놀이를 통해 신체 능력, 힘 조절 능력을 키워 주는 것이 꼭 필요합니다.

　따라서 남자아이들과는 활동적이고 때로는 조금 거친 아빠 놀이를 많이 하는 것이 좋습니다. 지나치게 난잡하거나 위험하지 않은 수준에서 신체적인 자신감을 가질 수 있도록 도와주어야 합니다. 이를 통해 아이는 성취감과 자존감이 높아지고 남자라면 반드시 갖추어야 할 활동성, 적극성, 목표를 향해 돌진하는 추진력을 발달시킬 수 있습니다.

딸에게 꼭 필요한 아빠 놀이

요즘 우리 사회 각 분야에서 두각을 나타내는 여성 중 상당수가 아버지로부터 물려받은 남성적 특질을 잘 발휘한 경우입니다. 어릴 때부터 아버지와 긴밀한 교감을 하며 성장한 딸들은 강한 자기 주장성, 활동성, 사회성 등의 남성적 특질을 물려받아 여성과 남성의 장점을 두루 갖추고 있습니다.

많은 연구에서 밝혀졌듯이 아이의 사회성 발달에서 아빠의 역할은 지대합니다. 아이에게 아빠는 엄마와는 다른 세상입니다. 아빠에게 안기면 피부에 느껴지는 촉감도 다르고 자신을 번쩍 안아올릴 때 힘도 다르지요. 또한 아빠는 엄마보다 좀 더 단호하고 규칙에 엄격하며 책임감과 예의범절을 강조하는 경향이 있습니다. 따라서 성장 과정에서 아빠와 밀접한 관계를 지속해 온 여자아이들은 상대적으로 사회성, 융통성, 상황 적응력 등이 매우 높습니다.

아빠와 엄마의 양쪽 특성이 고르게 균형 잡힌 교육

남성과 여성, 아빠와 엄마 사이에는 분명한 차이가 있습니다. 원시시대부터 남자는 사냥에 필요한 순간 집중력, 목표 지향적 성향, 강인한 체력을 발달시켜 왔습니다. 아이를 낳고 키워야 하는 여자는 안정을 지향하고 언어적이며 정적인 면을 계발하면서 여성만의 특성을 갖춰 왔습니다.

그러니 이러한 남성과 여성, 아빠와 엄마의 차이를 인정하고 각각의 좋은 특성이 고루 발달될 수 있도록 아이를 양육하는 것이 중요합니다. 우리 사회는 점차 양성화되어 가고 있고, 사회활동을 하는 데에도 두 성의 특질이 고루 발휘되어야 하는 경우가 많습니다. 그러니 아빠와 엄마 두 사람이 똑같이 교육하고 똑같은 기능을 할 필요는 없지요. 아빠라고 육아 문제에 뒷짐지고 있어서는 안 됩니다. 혹은 엄마식대로 그대로 흉내내어 교육할 필요도 없습니다. 아빠라서 더 잘 발휘할 수 있는 능력을 아이에게 전하면 그것으로 충분합니다.

1 온몸을 움직이는 신나는 놀이

옷걸이 펜싱 검으로 짜릿한 한판 승부

7~10세

준비물
철사 옷걸이, 펜치,
스펀지 완충재, 칼,
스카치테이프, 박스테이프

올림픽 이후로 아이가 펜싱에 푹 빠져 아침저녁으로 펜싱을 하고 있습니다.
그런데 종이로 만든 펜싱 검을 사용하다 보니 하루가 못 가서 망가졌습니다.
그래서 새로 만든 옷걸이 펜싱 검!
제법 그럴싸해 아이가 무척 좋아합니다.
이 경기는 러닝 올림픽에 다시 등장했다고 합니다.
러닝셔츠를 입고 하는 올림픽이요……, 하하.

세탁소에서 주는 철사 옷걸이입니다. 펜치를 이용해 옷걸이 고리쪽에 꼬여 있는 부분을 사진과 같이 풀어 줍니다.

그런 다음 옷걸이의 오른쪽 부분을 쭉 폅니다.

그리고 고리 모양으로 되어 있던 머리를 구부려 동그랗게 만 다음 끝을 사진과 같이 고정시키세요.

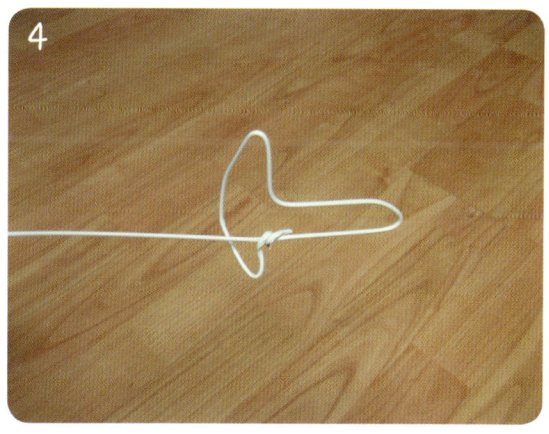

반대쪽은 구부러진 모양을 그대로 활용해 위의 사진과 같이 손잡이로 만듭니다.

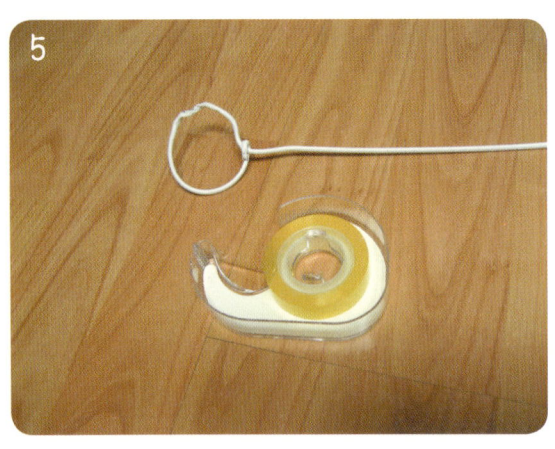

5

잡아 보니 쇠를 꼬아 연결한 부분이 손에 걸립니다. 스카치테이프를 이용해 쇠가 노출된 부분을 여러 차례 감아 주세요. 이렇게 하면 아이가 잡아도 위험하지 않습니다.

6

완성된 형태입니다. 하지만 테스트를 해보니 앞에 동그란 부분이 아무래도 좀 아프고 위험하네요.

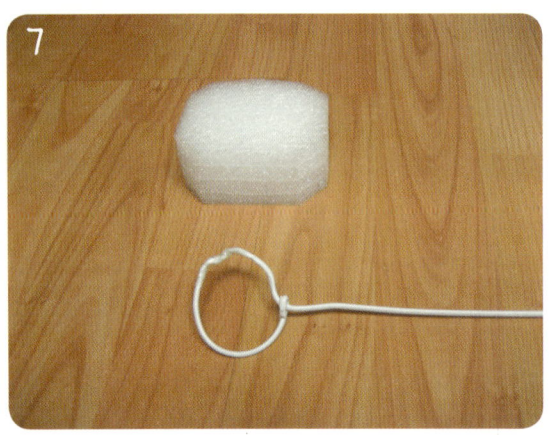

7

고민 끝에 스펀지 완충재를 동그라미보다 조금 크게 잘랐습니다.

Tip 에어캡을 활용해도 좋습니다.

8

스펀지 완충재 가운데에 칼집을 내고 그 사이로 동그란 철사 부분을 쏙 밀어 넣습니다. 그리고 난 다음 스펀지가 빠지지 않도록 박스테이프로 한 번 더 단단하게 감아 줍니다.

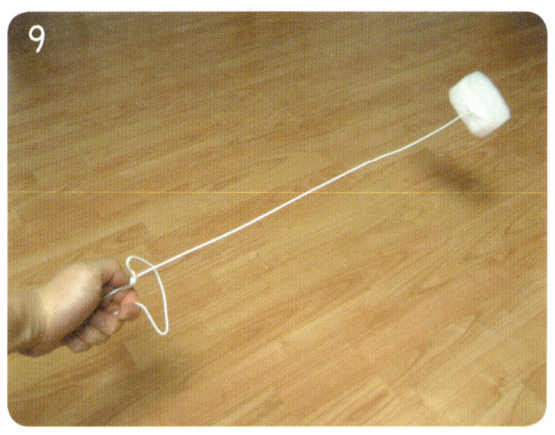

펜싱 검 완성! 그럴 듯하죠. 아빠 것과 아이 것 2개를 만들었습니다. 아이 것은 스펀지 완충재를 조금 더 크게 만들었어요. 아이를 위한 아빠의 배려입니다.

아빠 "자, 네게 결투를 신청한다! 달타냥, 나와라! 내 칼을 받아라!"

꼬마 달타냥 등장!

아이 "여기 나왔다! 얍!"

아빠 "어, 어, 이런 여우 같은 녀석, 선수를 치다니……."

아빠 "이 녀석, 맛 좀 봐라!"

아이 "아빠, 메롱~. 막았어요!"

아이 "아빠, 갑니다요!"

아빠 "으아아아, 안 돼!"

어때요? 재미있지요? 아이가 펜싱을 얼마나 좋아하는지 야구선수가 되고픈 꿈이 살짝 흔들렸다고 하네요. 그럼, 여러분도 옷걸이 펜싱 검으로 아슬아슬한 펜싱 경기 한판 즐겨 보시기 바랍니다.

2 온몸을 움직이는 신나는 놀이

피융피융, 로빈후드 활쏘기 놀이

6~10세

준비물
종이가 붙어 있는 세탁소용 옷걸이, 펜치, 스카치테이프, 고무줄, 얇은 종이 상자, 유성매직, 칼

세탁소 옷걸이 재활용품 놀이 2탄입니다.
칼싸움이 남자아이들에게 인기가 있다면,
활쏘기는 여자아이들도 무척 좋아하는 놀이입니다.
간단한 과녁판을 만들어 맞혀도 좋고, 소파나 의자 같은 목표물을 정해도 좋습니다.
백발백중 꼬마 신궁이 되는 그날까지
아빠와 아이가 함께 신나는 활쏘기를 즐겨 보세요.

긴 종이가 덧씌워져 있는 세탁소용 옷걸이입니다.
Tip 종이 부분은 화살로 만들어 써야 하니 일단 옷걸이와 분리해 두세요.

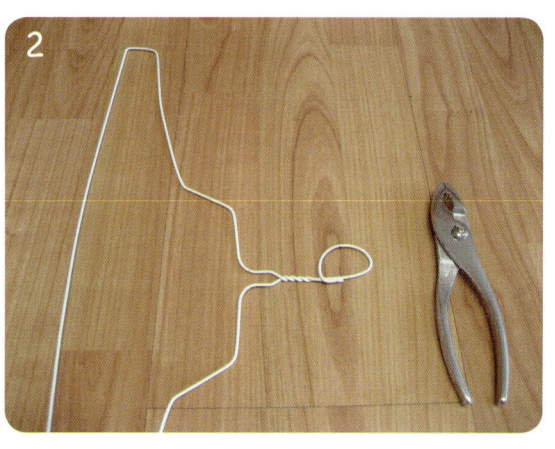

펜치로 옷걸이 고리 부분을 둥글게 말아 줍니다. 말린 부분의 철사에 아이가 손을 다치지 않도록 스카치테이프로 감아 줍니다.

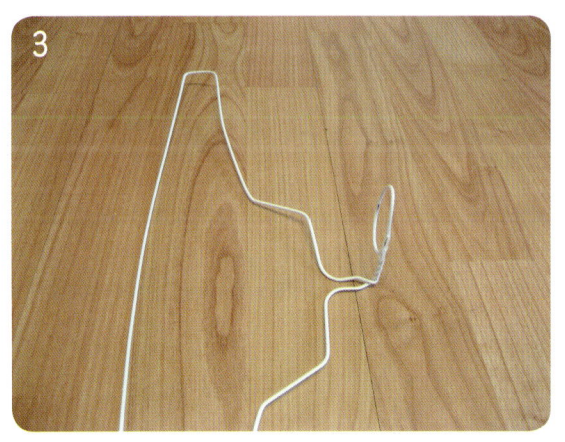

둥글게 만 고리 부분을 90도로 세워 줍니다. 활을 잡을 때 화살이 손에 닿지 않도록 고리와 약간 떨어진 부분을 꺾어 주는 것이 좋습니다.

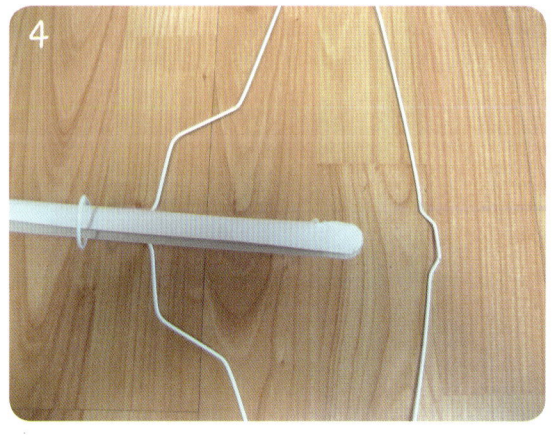

동그란 고리 사이로 끼운 종이 화살을 보다 안정적으로 장착할 수 있도록 사진과 같이 활 뒤쪽에 오목한 홈을 만들어 줍니다.

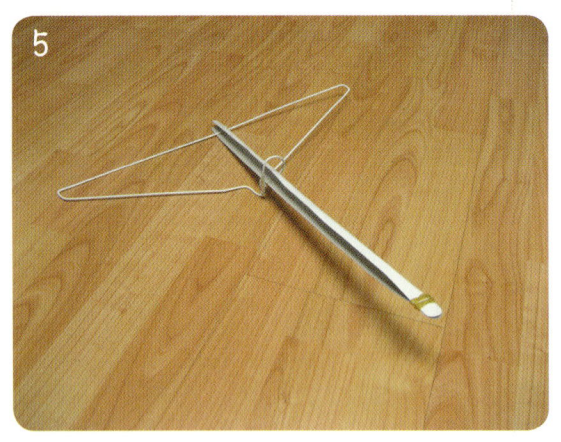

자, 이렇게 해서 화살까지 장착하면 완성입니다. 화살 끝에 고무줄을 감아 무게중심이 앞쪽으로 가게 해 주면 더 멀리 날아가고 흔들림도 줄어듭니다.

과녁이 있으면 더 재미있습니다. 얇은 상자를 구해 윗부분을 겹친 후 박스테이프로 붙여서 고정하세요.

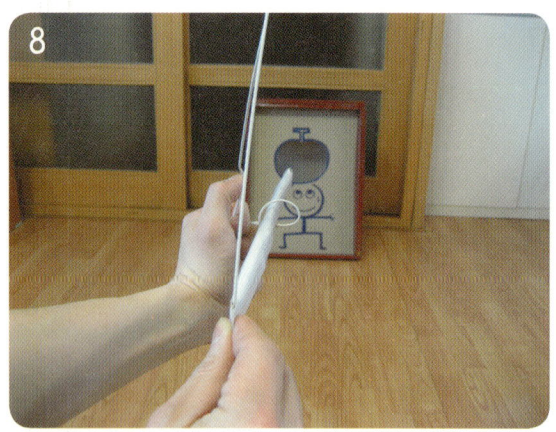

유성매직으로 박스 안쪽에 재미있는 그림을 그려 주세요. 사과를 머리에 얹은 아빠입니다. 설마 아이가 사과 대신에 아빠를 맞히지는 않겠지요?
사과 부분을 동그랗게 구멍을 내면 화살 넣는 재미를 느낄 수 있습니다.

Tip 칼로 잘라 낸 면은 날카로우니 다치지 않게 볼펜대로 문질러 주면 좋습니다.

너무 세게 당기면 활이 휘어지니 살짝 당긴 후 1~2초 만에 쏘세요. 아이가 어느 정도 익숙해질 때까지 최대한 가까이에서 시도해 보세요. 화살이 사과 안으로 들어가는 재미를 느끼게 해 주는 것이 좋습니다.

Tip 몇 번 쏘다 보면 활이 뒤로 휘어지는데, 이때에는 다시 앞으로 꾹꾹 눌러 고정해 주면 됩니다.

3 온몸을 움직이는 신나는 놀이

페트병 볼링 스트라이크

6~10세

준비물
페트병 6~7개,
눈 스티커, 물, 축구공

"끔뻑끔뻑, 저는 빈 페트병에서 태어난 볼링핀입니다."
페트병 볼링핀은 만드는 방법이 무척 간단합니다.
빈 페트병에 눈 스티커를 붙인 후 물을 1~2센티미터 정도 담아 주면 끝!
이렇게 6~7개 정도 만든 다음 축구공을 준비하세요.
햇볕이 좋은 오후, 근처 공원이나 공터로 나가 신나는 볼링 놀이를 즐깁니다.
아빠는 물론 친구들과 함께 놀면 즐거움은 더 커지겠죠?

유후, 날씨 좋고!
준비한 페트병 볼링핀 7개를 삼각형 모양으로 세웁니다.

페트병 볼링핀에서 2~3미터 정도 떨어진 곳에 서서 축구공을 굴립니다.
아빠 "자, 조준하시고!"
아이 "간다!"

공을 손으로 굴려도 되고 발야구를 하듯이 발로 '뻥' 차도 좋습니다.

스트라이크!
아빠 "에고고고, 볼링핀 살려. 허리야, 어깨야, 끙!"
볼링핀들이 아이들의 공격에 덜덜덜 떠는군요.
Tip 네모 페트병보다는 원통형 페트병이 더 잘 넘어지고 재미있습니다. 만약 실내에서 한다면 페트병에 물을 넣지 않아도 됩니다.

4 온몸을 움직이는 신나는 놀이

딸기 글러브로 즐기는 슈퍼볼 야구

6~10세

준비물
얇은 완충재가 깔린 투명 딸기 용기 2개, 과일용 스펀지 완충재 2개, 신문지, 투명 박스테이프, 가위

문방구나 마트에 걸려 있는 야구 글러브.
야구를 무척 좋아하는 아이를 떠올리며 만지작거리기만 했습니다.
함께 놀 시간이 없으니 사 봤자 얼마나 갖고 놀까 싶어서요.
그런데 오늘, 드디어 꿈을 이루었습니다.
밖에 나가지 않고 집에서 즐기는 딸기 글러브 야구 놀이!
강속구와 변화구, 거실 끝에서 끝까지 날아가는 슈퍼볼 게임입니다.

놀이를 동영상으로 즐기세요

일단 공부터 만들어 볼까요? 사과나 배를 감싸는 스펀지 완충재 2개를 준비합니다. 무게와 속도를 내기 위해 신문지를 뭉쳐 스펀지 완충재 속을 꽉꽉 채워 넣습니다.

남은 스펀지 완충재로 반대편을 뚜껑처럼 덮은 후 투명한 박스테이프로 꽁꽁 붙입니다. 간단하죠? 강속구와 변화구도 가능한 성능 좋은 슈퍼볼이 완성되었습니다.

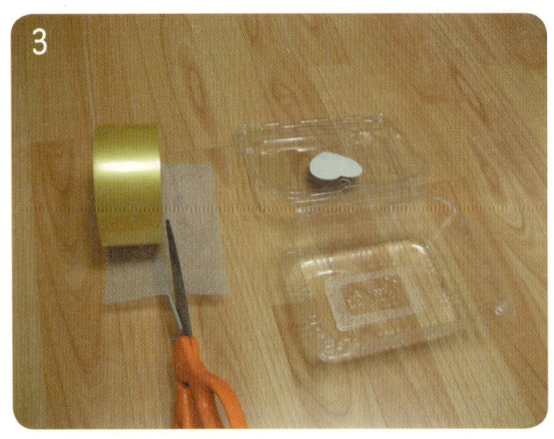

이제 글러브를 만들 차례입니다. 투명 딸기 용기 속에 깔려 있는 얇은 완충재를 박스테이프의 너비에 맞춰 잘라 줍니다.

얇은 완충재 위를 박스테이프로 덮어 붙인 후 좌우로 한 뼘 정도 여유를 두고 잘라 냅니다.

이제, 이것을 투명 딸기 용기 뚜껑 위에 붙여 손이 들어갈 수 있도록 하면 됩니다. 이때 글러브 주인의 손 크기에 맞춰야 하니 미리 손을 넣어 본 상태에서 붙여 주세요.

아래쪽도 마찬가지 방법으로 손이 들어갈 수 있도록 만들어 줍니다. 되도록 손과 밀착되도록 모서리 쪽으로 바짝 당겨 붙이는 것이 요령입니다.

Tip 너무 꽉 당겨 붙이면 오히려 손이 아플 수 있으므로 적절히 조절하세요.

아빠 것과 아이 것, 글러브 2개가 완성되면 이제 준비 완료입니다. 자, 쩍쩍 벌려 보면서 테스트해 보세요.

눈 스티커를 붙였더니 글러브가 더 귀여워졌죠? 재활용품으로 만든 슈퍼볼 대신 말랑말랑한 스펀지 공(EVA)을 써도 좋습니다.

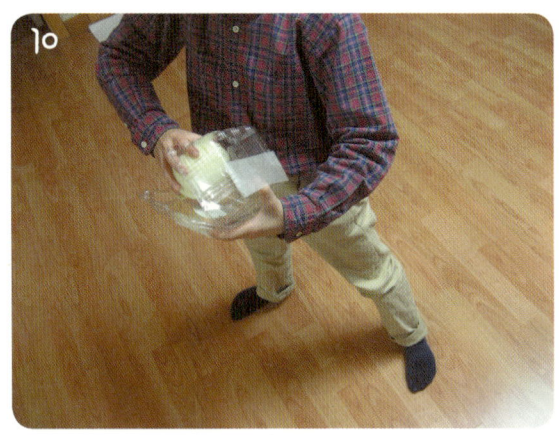

아빠는 이제 스포츠캐스터가 되어 아이의 경기를 중계해 봅니다.

아빠 "투수, 마운드 위로 올라섰습니다. 게임이 시작되었습니다."

아빠 "네, 포수 사인을 보고 고개를 끄덕이고 있군요."

아빠 "던졌습니다!"

아빠 "앗, 도루를 하네요! 투수, 재빨리 2루로 송구합니다!, 주자 슬라이딩!"

아이 "아웃!"

이 야구 글러브 정말 최고입니다. 가볍기도 하거니와 공을 잡을 때의 그 그립감! 공이 정말 잘 잡혀 아이도 나도 깔깔대고 웃었습니다. 여러분도 직접 만들어서 해보세요.

5 온몸을 움직이는 신나는 놀이

로봇팔 대장 몬스터와 어린이 지구방위대의 한판 승부

7~10세

준비물
가전제품용 스펀지
완충재, 달력 종이,
유성매직,
투명 박스테이프

아빠를 일중독으로 만들어 아이에게서 아빠를 빼앗아가는 악당, 대장 몬스터.
아이를 위해 그려 준 만화에 등장하는 이 악당 캐릭터가
최첨단 로봇팔로 무장하고 나타났습니다.
하지만 결코 아빠를 빼앗길 수 없는 우리의 어린이 지구방위대!
해맑은 미소를 짓고 있지만 우습게 보았다간 큰코다칩니다.
과연 누가 승리할까요? 손에 땀을 쥐게 하는 경기가 지금 시작됩니다!

놀이를
동영상으로
즐기세요

 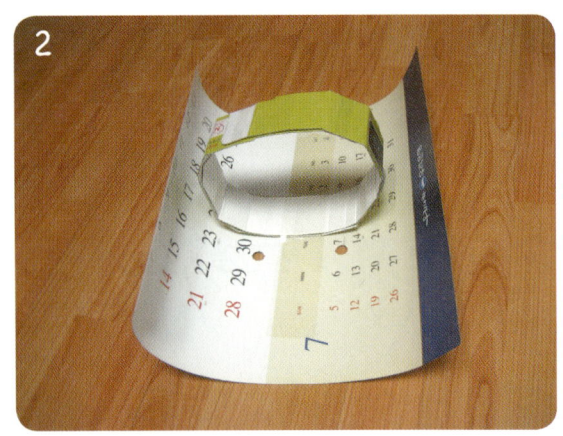

이 스펀지 완충재는 따로 손볼 것도 없습니다. 긴 틈새에 팔을 끼우기만 하면 무쇠로 만든……, 아니 충격을 흡수하는 최첨단 로봇팔로 변신합니다. 가전제품을 샀는데 이렇게 멋진 로봇팔이 사은품으로 따라왔네요.

다 쓴 달력 종이 뒷면에 어린이 지구방위대 캐릭터를 그려 넣어 가면을 만듭니다. 사진과 같이 빳빳한 종이로 머리띠를 만든 후 박스테이프로 가면 뒤에 고정합니다.

 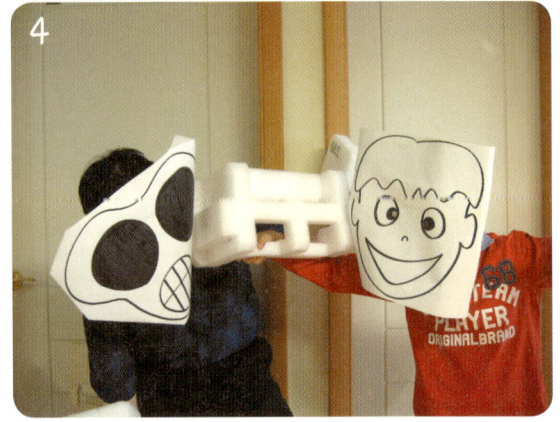

마찬가지 방법으로 대장 몬스터 가면도 만들어 주세요. 훌쭉한 볼과 퀭한 눈. 꼭 아빠 면도기처럼 생긴 것이 무언가 음흉한 모습입니다.

이제 마음껏 대결을 펼칩니다.
아빠 "이 꼬마 녀석, 감히 내게 도전을 해? 내 로봇팔을 받아라!"
아이 "우리 아빠를 만날 일만 하게 만드는 대장 몬스터! 가만두지 않겠다!"
이게 몸싸움인지, 로봇팔 기술인지 모르겠네요.

6 온몸을 움직이는 신나는 놀이

이열치열 수박 복싱 놀이

5~10세

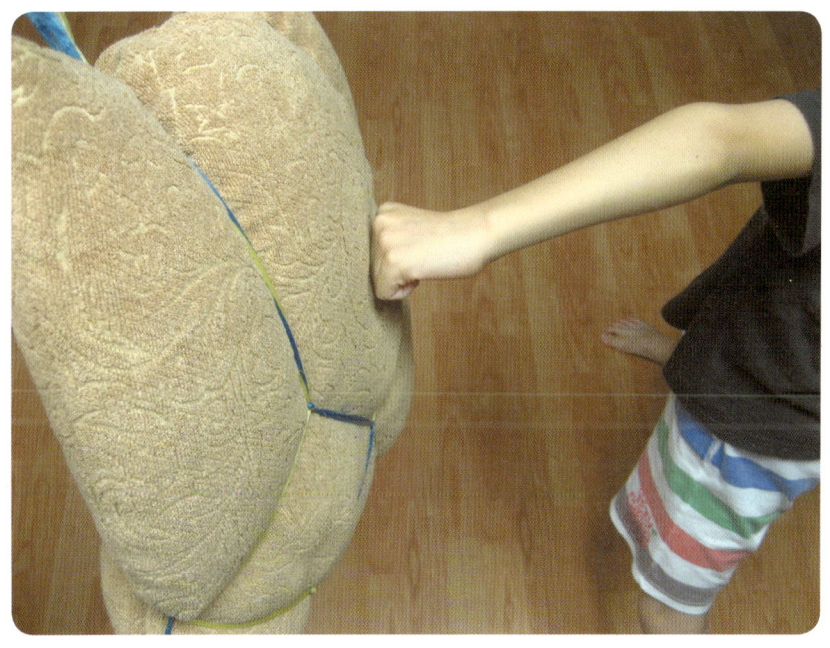

준비물
수박용 비닐 끈, 쿠션
(샌드백용으로 쓸 큰 것)

한창 활동량이 많은 아이들은 좀처럼 가만히 앉아 있는 법이 없습니다.
너무 더워 꼼짝하기 싫은 더운 여름도 예외가 아닙니다.
어쩔 수 없지요. 이런 시절도 지나면 다시 돌아오지 않을 테니
원없이 움직이고 신나게 놀도록 해 주어야죠.
이게 엄마 놀이에서는 느낄 수 없는 아빠 놀이의 묘미이지요.
수박 비닐 끈을 활용한 복싱 놀이로 여름 무더위를 이열치열로 이겨내 보세요.

놀이를 동영상으로 즐기세요

수박을 사면 얻을 수 있는 비닐 끈이 오늘 놀이의 힌트를 주었습니다.

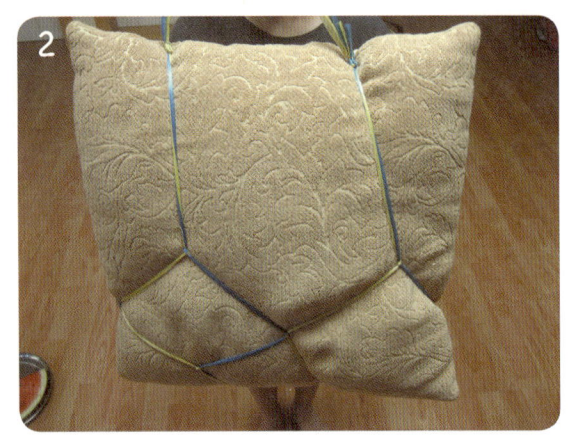

이렇게 끈 사이에 쿠션을 끼우기만 하면 훌륭한 샌드백이 완성됩니다. 아빠가 쿠션 샌드백을 들고 아이 앞에 섭니다.

아빠 "자, 시작! 나비처럼 날아서 벌처럼 쏘는 거야!"

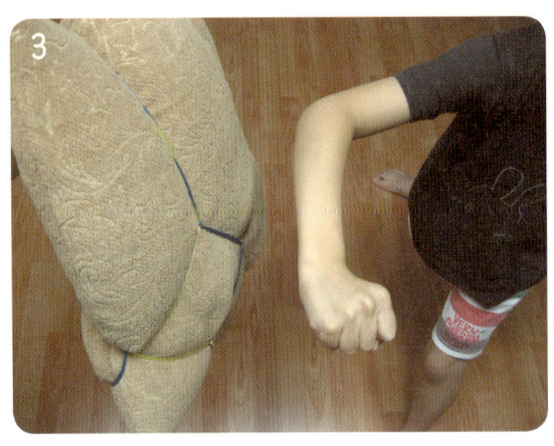

아이가 주먹을 날립니다.

아빠 "잽, 잽, 라이트! 레프트!"

아빠 "원, 투, 레프트!"

스트레스 해소도 되고 다이어트도 되는 일석이조 놀이입니다.

이웃분의 아이디어로 만든 수박 갑옷입니다. 좀 작은 쿠션을 비닐 끈에 넣고 아이의 몸에 고정해 주니 웬만한 공격에는 끄덕도 않는 갑옷이 되었네요. 다만 이 놀이에는 한 가지 치명적인 단점이 있습니다. 이 갑옷을 입고 놀면 땀이 비 오듯 쏟아진다는 것입니다. 수박용 비닐 끈을 구할 시기면 한여름인데 여름 놀이가 이렇게 더워서야 원······.

7 온몸을 움직이는 신나는 놀이

아슬아슬 신발 상자 축구 드리블

5~8세

준비물
신발 상자, 스펀지볼, 눈 스티커

매년 봄마다 사는 아이 운동화.
처음엔 아이의 발이 빨리 커서 새로 사는 줄 알았습니다.
그런데 아내 말을 들어 보니 신발이 작아서가 아니라 닳아서 못 신는다더군요.
어쨌든 이렇게 매년 생기는 신발 상자 덕분에
집에서든 밖에서든 온몸을 던져서 노는 아이를 위한
신발 상자 축구 드리블 놀이가 탄생했습니다.

놀이를 동영상으로 즐기세요

얼마 전 새로 산 아이의 신발 상자입니다. 뚜껑을 열고,

눈 스티커를 척 하고 붙이니,
아빠 "와~, 너 잘생겼다. 2 대 8 가르마에 귀도 있고 보조개도 있구나?"
오늘의 아빠표 작품도 매우 흡족합니다.

축구놀이에 축구공이 빠질 수 없습니다. 하지만 실내에서 하는 놀이니 진짜 축구공 대신에 말랑말랑하고 무늬만 축구공 같은 스펀지볼을 사용하세요. 무엇보다도 시끄럽지 않고 실내에서 놀기에는 딱입니다.

서서 혹은 의자에 앉아서 상자의 뚜껑 부분을 두 손으로 집습니다.
아빠 "자, 이렇게 공을 상자 인형 머리 위로 올려 헤딩을 하고……."

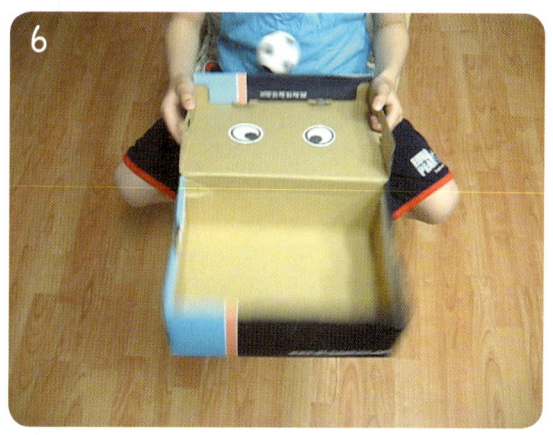

상자 머리 부분의 각도를 자유자재로 움직이면서 공을 이동시켜 봅니다.
아빠 "축구공이 떨어지지 않게 살살 굴린 다음……."

공이 상자 속으로 쏙 들어가도록 뚜껑의 각도를 잘 조절하는 것이 중요합니다.
아빠 "조심조심! 떨어지지 않게 천천히……."

이렇게 공이 튕겨나가지 않고 박스 속으로 잘 들어 갈 수 있도록 조절하세요.
아빠 "앗~싸! 잡았다!"

복잡한 규칙에 머리가 아픈 것보다는 이렇게 간단 하고 머리 쓰지 않는 놀이가 재미있습니다. 아이도 이 놀이에 큰 관심을 보이네요. 며칠 이 놀이에 열 중하던 아이가 하는 말,
아이 "아빠! 20회 연속 성공이에요!"
와, 정말 대단한 집중력이죠?

8 온몸을 움직이는 신나는 놀이

덤벼라, 불꽃 튀는 칼싸움 놀이

7~10세

준비물
종이 쇼핑백, 스티로폼 딸기 박스, 종이 상자, 신문지, 선단지, 뉴성매식, 비닐 끈, 박스테이프, 손전등, 형광등 포장재, 칼, 가위

일만 하는 아빠의 초대박 히트작. 글래디에이터 칼싸움 놀이입니다.
시대와 지역을 초월해 칼싸움만큼 아이들이 좋아하는 놀이가 또 있을까요?
무엇이든 길쭉한 것이 있으면 주워 들고 칼싸움을 하는 것을 보면
아무래도 아이들에게는 칼싸움 본능이 있나 봅니다.
쇼핑백, 스티로폼 딸기 박스, 종이 상자, 신문지 등으로
칼과 방패를 만들고 더욱 흥미진진한 놀이를 만들어 보세요.

놀이를 동영상으로 즐기세요

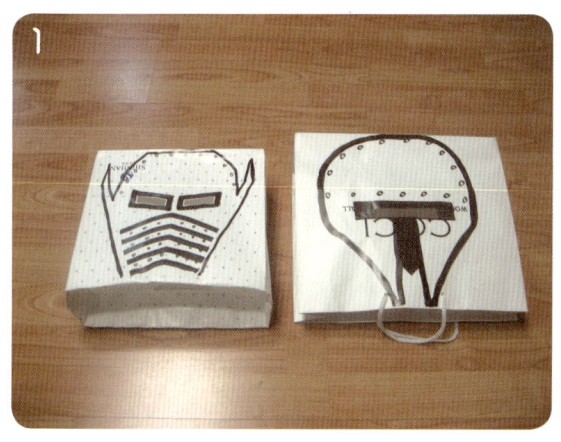

쇼핑백을 아이 머리에 씌워 보고 눈 위치를 확인한 다음 유성매직으로 아이가 좋아하는 캐릭터를 그려 줍니다. 그런 다음 칼로 눈구멍을 뚫어 줍니다.
Tip 긴 봉투는 끝을 안으로 두 번 접어야 아이 얼굴이 긁히지 않습니다.

신문지를 똘똘 말아 가운데와 양 끝을 테이프로 붙이면 간단하게 칼도 완성됩니다.

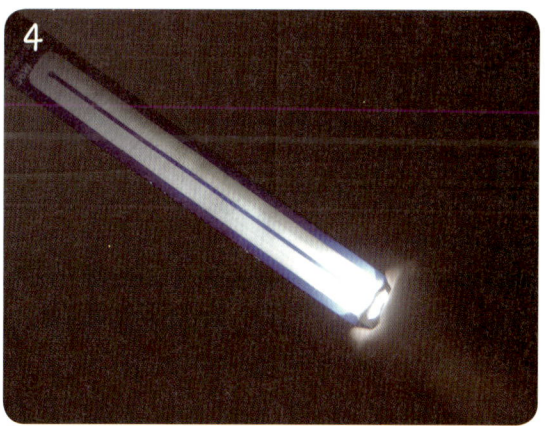

신문지 칼이 단조롭다면 좀 더 멋있게 꾸며 볼까요? 앞서 만든 신문지 칼에 전단지를 불꽃 모양으로 잘라 붙여 주면 무서운 불꽃이 뿜어져 나오는 칼이 됩니다.

형광등 포장재 아랫부분에 손전등을 테이프로 감아 주면 어둠 속에서도 빛을 발하는 제다이 광선검도 만들 수 있습니다.

제다이 광선검

하루 22만 명 조회

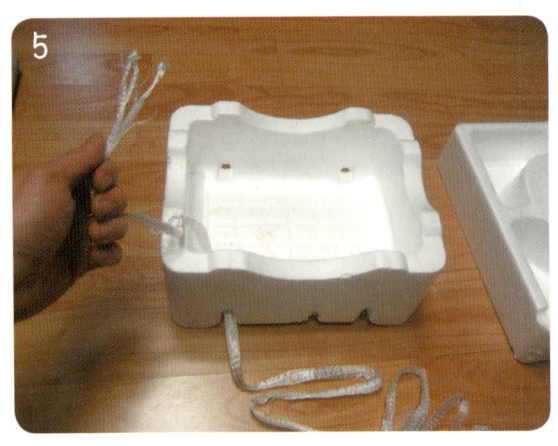

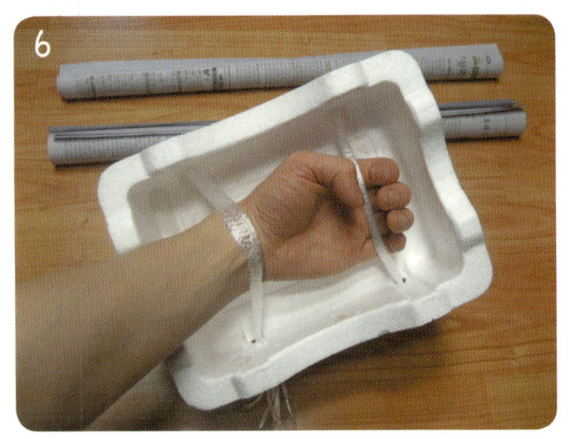

칼이 완성되었으니 이제 방패를 만들 차례입니다. 스티로폼 딸기 박스의 양옆에 마침 구멍이 뚫려 있네요. 여기에 비닐 끈을 끼웁니다.

비닐 끈으로 스티로폼 용기를 한 바퀴 돌린 다음 손이 고정될 정도로 묶습니다.

Tip 스티로폼 앞면에 유성매직으로 그림도 그려 보세요.

스티로폼 용기가 없으면 두께가 얇은 일반 종이 상자를 사용해서 사진과 같은 방패를 만들 수도 있습니다.

Tip 손이 닿는 부분은 테이프 접착면끼리 붙여 살에 달라붙지 않게 합니다.

아빠와 아이가 각자의 취향에 맞게 가면과 칼, 방패를 만든 다음 신나는 게임을 시작해 봅니다.

아이 "나는 불꽃 전사다. 오늘 반드시 악당을 무찌르겠다. 얍, 얍!"

Tip 쇼핑백 투구가 불편하면 싸움 시작할 때 칼을 한 번 부딪친 다음 괴성을 지르며 투구를 벗어던지는 것으로 규칙을 바꿔 보아도 좋습니다.

 온몸을 움직이는 신나는 놀이

3점슛, 골인! 펠리컨 농구대

3~7세

준비물
대형 가전제품 포장 박스,
얇은 스펀지 완충재,
청테이프, 유성매직

집에서도 농구를 즐길 수 있는 펠리컨 농구대입니다.
좁은 집에서 많은 공간을 차지한다는 이유로 엄마의 미움을 사기도 했지만
풍덩~ 공을 집어넣는 맛에 아이가 무척 좋아했습니다.
이후 이 펠리컨 농구대를 아이들 야외 행사에 기증했는데
대여섯 살짜리 아이들이 열광한 것은 물론
지나가던 형아들까지 몰려들어 그 인기가 하늘을 찔렀답니다.

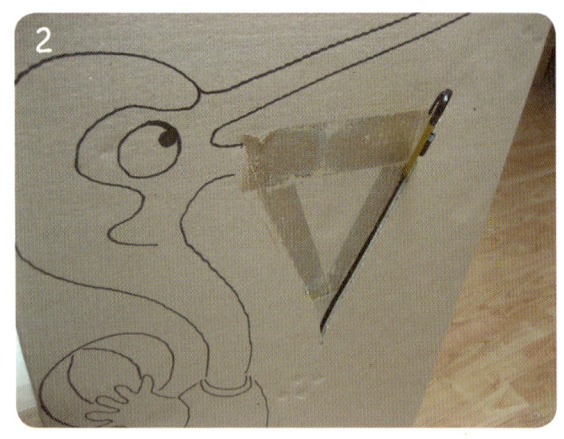

펠리컨 농구대를 만들기에는 큰 가전제품이나 가구 포장용 상자가 좋습니다.

일단 앞면에 펠리컨이 부리를 쩍~ 벌리고 있는 그림을 그려 줍니다.

🟢아이 "아빠, 펠리컨이 뭐야?"

🟢아빠 "응, 아랫부리에 큰 주머니가 있어서 물고기를 가득 담아 새끼에게 가져다주는 새야."

이제 그물망을 만들어 붙여야 합니다. 일단 사진과 같이 과일 상자 안에 들어 있는 얇은 완충재에 유성매직으로 그물 그림을 그려 줍니다. 이후 청테이프를 앞뒤로 접어 완충재 위에 붙여 줍니다.

이 완충재 그물이 떨어지지 않도록 상자와 고정시킬 차례입니다. 사진은 박스 뒷면에서 본 모습이에요. 일단 박스 뒤쪽에 이렇게 V자로 칼집을 낸 다음 그 틈으로 완충재 그물을 밀어 넣습니다.

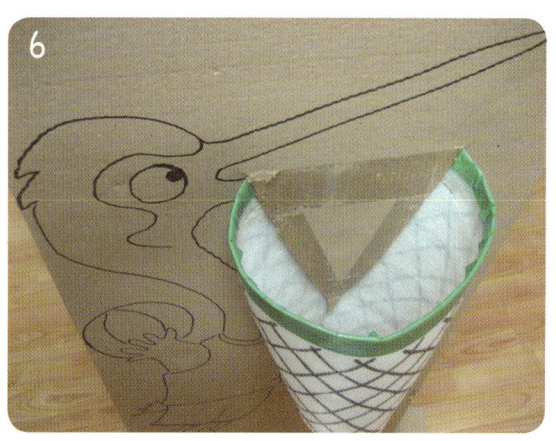

그리고 청테이프를 여러 번 붙여 그물을 박스에 단단하게 고정합니다.

짜잔! 펠리컨 농구대 완성.

농구공 모양의 고무공을 넣으며 놀아도 좋지만 펠리컨이 물고기를 좋아하니 좀 색다른 먹이를 줘 볼까요? 패스트푸드 점에서 볼 수 있는 빳빳한 종이컵이나 감자튀김 용기를 활용해 물고기나 게 인형을 만들어서 놀아도 재미있겠네요.

관심을 갖기 시작한 아이들이 정신없이 몰려드네요. 펠리컨 농구대의 인기가 정말 대단합니다.
아빠 "헉헉, 자~ 이제 그만 하자."
이렇게 멈추지 않았다면 아마 이 놀이는 한 시간이고 두 시간이고 쉼 없이 이어졌을 것입니다.

10 온몸을 움직이는 신나는 놀이

에어캡으로 즐기는 뽁뽁이 복싱

5~10세

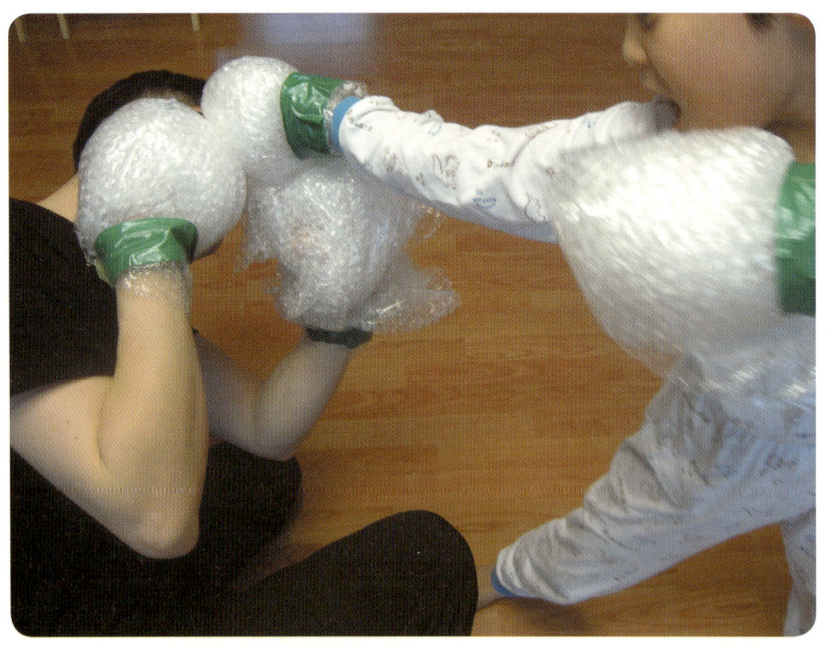

준비물
에어캡,
청테이프

택배 박스 안에 들어 있는 에어캡을 이용해 복싱 놀이를 해보겠습니다.
비싼 권투 글러브 없이 에어캡과 청테이프만 있으면
신나고 재미있는 아빠 놀이를 즐길 수 있습니다.
이렇게 활동적인 놀이는 아이의 대근육 발달에도 좋고,
스트레스 해소에도 그만이지요.
주체할 수 없는 힘 때문에 어쩔 줄 모르는 천하장사 아이가 있다면 꼭 한번 만들어 보세요.

준비물은 아주 간단합니다. 포장용 에어캡과 청테이프만 있으면 끝!

먼저 아이의 손에 에어캡을 여러 겹 두른 후 손목에 청테이프를 감아서 고정시킵니다.
Tip 이때 테이프는 아이의 살에 닿지 않게 하세요.
아이가 먼저 양 손을 부딪치며 글러브 점검을 해 보는군요.
아이 "아빠, 이거 꽤 훌륭해요."

아빠 "파이팅! 경기 시작!"
아빠가 좌우로 뛰면서 허공에 잽을 날리기도 하니 아이가 더욱 신이 났습니다.
아빠 "자, 덤벼!"
아이 "퍽퍽, 퍼퍽!"
아, 아이의 야무진 주먹에 아빠는 정신을 차릴 수가 없습니다.

이 놀이는 아이 엄마 도움이 필요합니다.
아빠 손에 글러브를 만들어
고정해 줄 사람이 필요하거든요.
처음에는 에어캡이 다 터지면
경기를 끝내기로 했는데,
에어캡이 생각처럼 쉽게 터지지 않습니다.
결국 아이가 털썩 주저앉았습니다.
"왜? 힘들어?" 하고 물으니 이렇게 답합니다.
"아뇨, 너무 웃겨서요. 깔깔깔."

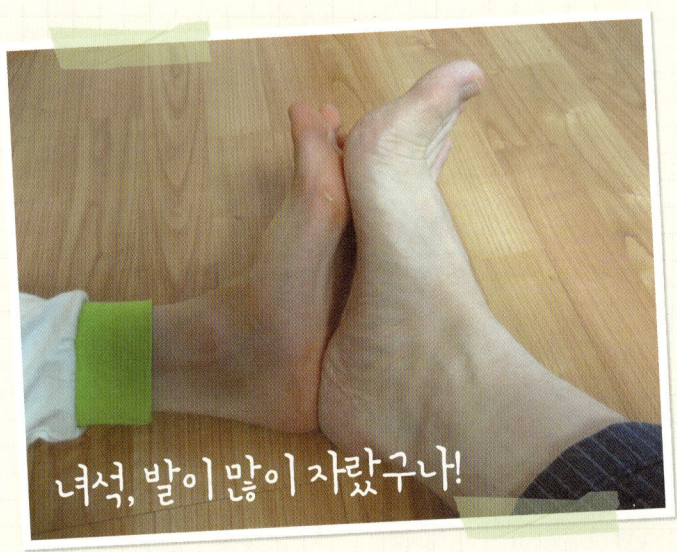

녀석, 발이 많이 자랐구나!

아이를 마주한 저녁 한때,
우연히 발을 맞대어 보았습니다.

"녀석, 발이 많이 자랐네……."
가슴이 뭉클해졌습니다.
그런데 뭉클한 감정은 여기까지.

시트콤 가족 두 부자가
또 시동이 걸렸습니다.

"우리 재미있는 놀이 할까? 속닥속닥……."
"네, 아빠! 정말 재미있겠어요! 당장 해요!"

그렇게 놀이를 시작했는데,
엄마가 보고 경악했습니다.
아마도 이 놀이는 엄마의 검열을
통과하기 힘들 것 같습니다.

놀이제목 누가 누가 오래 버티나?

경고문 : 다음에 해당하는 사람은 절대 이 놀이를 하지 마세요.
1. 임산부(특히 입덧 중인 경우)
2. 심신 미약자
3. 식전 또는 방금 식사한 사람(소화가 아직 덜된 사람 포함)

저, 분명히 경고했습니다.
자, 그럼 준비!

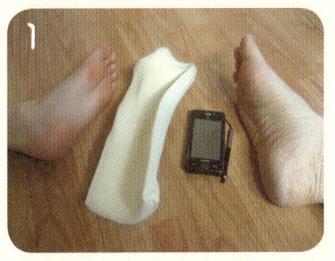

타이머 기능이 있는 휴대전화,
몇 주 간 땀에 절인 깁스, 아이 발,
아빠 발을 준비해 주세요.

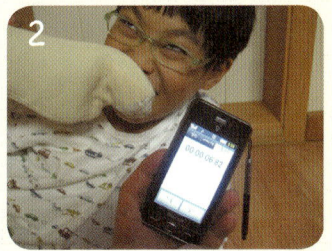

"시~작!"
"킁킁!"

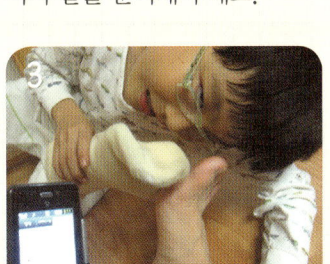

"우왜애애액!"
버티느냐, 버티느냐……?

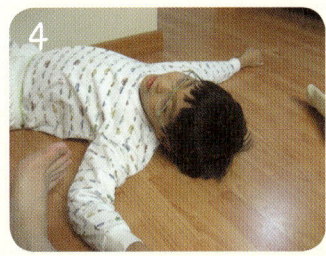

결국 선수가 쓰러져 게임 종료.
오늘 시작은 좋았는데 냄새가 지독한
엽기 게임으로 끝이 나 버렸네요, 하하.

"아빠, 3번 조각 찾아 주세요!"
아이가 원하는 것은 3번 조각이 아닙니다.
곁에서 함께 상자를 바라봐 주는 아빠입니다.

4장
우리 아빠 최고! 아빠와 아이가 함께 만드는 놀이

놀이는
이벤트가 아니라 일상

어쩌다 한 번이 아니라 생활 속에서 늘 하는 것

맞벌이 부부가 아니라면 아빠는 집안일을 좀 못해도 괜찮다고 생각합니다. 대신에 아이와 일상에서 함께 나눌 수 있는 무엇이 있어야 합니다. 중요한 것은 그것이 이벤트가 아니라 '일상'이어야 한다는 점입니다.

이벤트는 일회성으로 사 주는 비싼 장난감이나 선물, 불규칙적으로 가끔 하는 외식, 관람, 나들이, 여행 등을 말합니다. 하지만 일상은 매일 아이와 10분 정도 노는 것, 매일 아이가 잠들기 전에 책 읽어 주는 것, 매일 음식물 쓰레기를 버리는 일처럼 하루하루 반복하는 일을 말합니다.

한 번 근사한 것을 선물해 주고 일주일, 한 달 동안 아무것도 하지 않는다면 그것은 이벤트입니다.

아빠 육아는 이벤트가 아니라 일상입니다.

하지만 어제 한 일을 오늘 또 한다면 그것은 일상이 되지요. 주말 나들이도 매주, 일 년 내내 한다면 이벤트가 아닌 일상입니다. 매 주말 전시회나 극장 관람을 한다면, 매 주말 외식을 한다면 그것 역시 일상입니다. 아빠가 집안일을 매번 도와주지는 못하더라도 아빠가 아이와 가족들을 위해 해 줄 수 있는 일상은 있어야 합니다. 이것이 아빠 육아의 핵심이라고 생각합니다.

놀이가 일상이 되면 피곤하지 않아요

나는 그 일상을 매일 10분씩 집 안에서 아이와 함께 노는 것에서 찾았습니다. 어쩌다 한 번 노는 것이 아니라 피곤하든 피곤하지 않든 상관없이 늘 아이와 함께 놀았습니다. 정말 피곤한 날도 있었지만 그렇게 피곤한 날이 가장 놀기 좋은 날이라고 생각하며 소리 지르며 놀았습니다. 왜냐하면 피곤하지 않은 날이 없었기 때문입니다.

어쩌다 한 번 하는 이벤트는 아빠 육아라고 부를 수 없습니다. 물론 그것이 추억이 될 수는 있겠지만, 추억 속 이벤트만으로는 아이의 아빠에 대한 인상 전체를 바꿀 수 없습니다. 하지만 아빠가 일상에서 바뀐 모습을 보여 주면 아빠에 대한 인상이 바뀝니다.

"매놀남."

아이가 내게 붙여 준 별명입니다. '매일 놀아 주는 남자', '매일 나를 놀래 주는 남자'의 줄임말이라고 하더군요. 아이가 갖고 있는 아빠에 대한 이미지가 무엇인지, 일상에서 아이가 아빠를 어떻게 느끼는지 알고 싶다면 이렇게 물어보세요.

"아빠 별명이 뭐야?"

아마도 꽤 용기 있는 아빠가 아니고서는 쉽게 묻기 어려운 질문입니다.

스트레스 없는 나만의 방법으로

재활용품 놀잇감을 만들어 아이와 매일 놀기 시작하면서 찾아온 변화가 있습니다. 그토록 좋아하던 텔레비전을 거의 보지 않게 된 것입니다. 텔레비전을 보지 말라고 뜯어 말리는 사람도 없었고 결심한 적도 없었는데, 스스로 생각해도 참 희한한 일입니다. 아마 텔레비전보다 더 재미있는 것을 찾아서 그런가 봅니다.

아이를 위해 재활용품 놀잇감을 만들고 그림을 그리고 또 그것을 레크리에이션 강사처럼 재미있게 소개하며 사진으로 기록을 남기는 습관이 생기면서 불현듯 내가 어린 시절 막연하게 갖고 있었던 꿈이 이루어지고 있음을 알게 되었습니다. 사진가, 발명가, 만화가, 레크리에이션 강사 등등. 지난날 내가 그토록 좋아하고 하고 싶었던 일들이 이 작은 재활용품 놀잇감을 통해 실현되고 있었던 것입니다. 아, 이렇게 재미있고 즐거울 수가! 아이를 즐겁게 해 준다는 건 어쩌면 다 핑계입니다. 사실은 내가 더 즐겁습니다.

아빠가 더 즐겁고 재미있는 놀이!
생각만 해도
아이와의 놀이 시간이 기다려집니다.

이보연 선생님
아빠 놀이
도움말

아이의 균형 잡힌 발달을 위해 아빠 놀이가 꼭 필요합니다

어린이집, 유치원 놀이만으로는 부족합니다

많은 부모들이 아이가 하루 종일 어린이집이나 유치원에 있다가 오면 그곳에서 충분히 놀았다고 생각하지만 실상은 그렇지 않습니다. 그곳에서의 놀이는 시간도 부족할 뿐만 아니라 발달 수준이 비슷한 또래끼리 어울려 하는 놀이이기 때문에 질적으로도 충분하지 않습니다.

놀이교육을 전문으로 하는 놀이학교의 사정도 일반 유치원과 별반 다르지 않습니다. 놀이를 이용한 교육이 목적이기 때문에 놀이다운 놀이를 할 틈이 없습니다. 아이들은 영어, 과학, 수학, 체육 등 꽉 짜인 수업을 들으러 이 방, 저 방 옮겨 다니기에 바쁩니다.

아이의 스트레스, 부모가 먼저 어루만져 주세요

게다가 아침 8시에 어린이집이나 유치원에 가서 저녁 6시에 돌아오는 것만으로도 아이들은 피곤합니다. 어른도 남의 집에 가서 하루에 6시간, 8시간 있으면 무척 힘든데 아이들은 오죽할까요. 단체생활을 하다가 보니 줄서서 손도 씻어야 하고 때로는 먹기 싫은 밥도 먹어야 합니다. 자고 싶을 때 못 자고 안 졸려도 자는 척 눈 감고 있어야 합니다. 이 모든 것이 아이들에게는 엄청난 스트레스입니다.

그래서 많은 아이들이 집에 오면 놀자고 조릅니다. 하루 종일 받은 스트레스에 대한 보상이라도 받으려는 듯 잘 시간이 되어도 잠을 자지 않고 놀자고 합니다. 실제로 이러한 이유로 수면 문제를 일으키는 아이들이 많습니다. 이 모든 것이 제대로 된 놀이가 부족한 데서 오는 문제입니다.

아빠 놀이로 아이의 두뇌를 균형 있게 계발하세요

이처럼 집이 아닌 교육기관에서는 양질의 놀이를 기대하기 어려운 상황이므로 아빠 놀이는 필수입니다. 좀 거칠고 투박한 놀이여도 좋습니다. 살갑게 "그랬니? 저랬니?" 하는 엄마 방식을 그대로 적용할 필요도 없습니다.

최근 오스트레일리아 뉴캐슬대학교의 가족연구센터에서 아빠 놀이와 엄마 놀이가 아이의 두뇌 발달에 미치는 영향이 다르다는 결과를 발표했습니다. 아이는 8세를 기준으로 취학 전에는 우뇌가, 학령기에는 좌뇌가 발달합니다. 따라서 8세 이전에는 팔다리를 많이 쓰고 대근육을 사용해 신체 발달에 좋은 아빠 놀이를 통해 우뇌를 발달시키고, 학령기에는 엄마 놀이를 통해 좌뇌를 발달시키는 것이 좋습니다. 결국 아이의 고른 두뇌 발달을 위해서는 아빠와 엄마 놀이가 모두 필요하다는 의미입니다.

아이들은 엄마의 방식과 아빠의 방식 이 두 가지를 모두 받아들일 수 있는 능력이 있습니다. 아빠가 잘할 수 있는 놀이와 엄마가 잘할 수 있는 놀이를 두루 접한다면 아이들은 균형 감각을 키우고 건강하게 자랄 수 있습니다.

1 우리 아빠 최고!
아빠와 아이가
함께 만드는 놀이

정말 단순하지만
정말 재미있는 포트리스

7~10세

준비물
철사 옷걸이, 탁구공,
유성매직, 펜치

일만 하는 아빠의 야심작, 옷걸이 포트리스 놀이를 소개합니다.
포트리스란 상대에게 대포를 발사하는, 일종의 투석기입니다.
마주 보고 서로 발사하기도 좋고
같은 방향을 바라보며 목표물 맞히기도 재미있습니다.
아빠와 아이가 리액션을 크게 하고, "슝, 퍽!" 하는 발사음과 효과음을 내며,
놀이를 더욱 재미있게 즐겨 보세요.

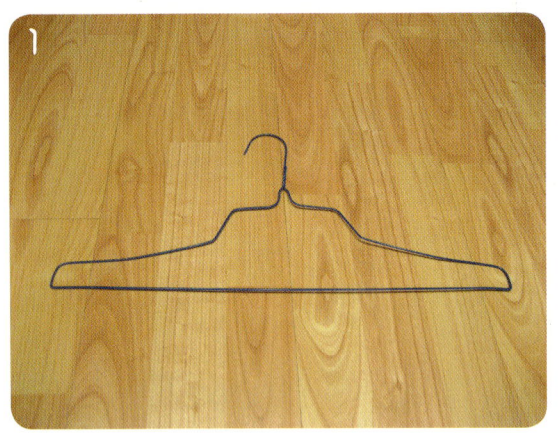

옷걸이는 얇으면서 탄성이 좋은 것으로 고르세요. 두꺼운 옷걸이는 탄성이 약해 대포가 멀리 나가지 못합니다.

펜치로 옷걸이 양옆을 사진처럼 구부려 주세요.

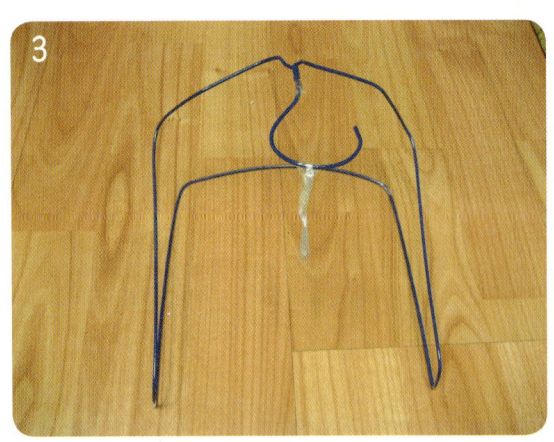

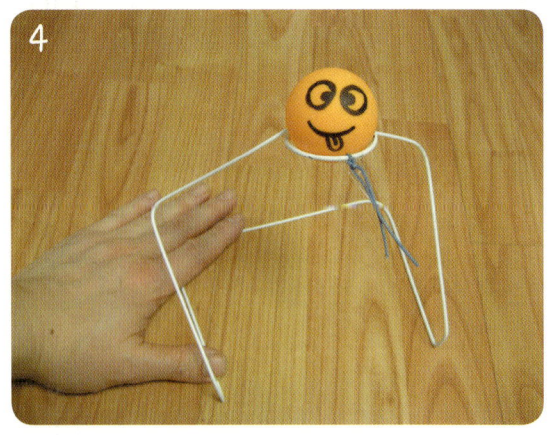

옷걸이 머리 부분을 뒤로 젖혀 탁구공 대포알을 장전할 수 있게 합니다. 이후 탁구공이 잘 걸쳐지도록 옷걸이 고리 부분의 크기를 펜치로 조정합니다.

Tip 사진과 같이 옷걸이 고리 부분에 작은 끈을 달면 탁구공 대포알을 발사할 때 편리합니다.

탁구공 대포알에 귀여운 그림을 그렸습니다.

아빠 "메롱! 나를 멀리멀리 보내 줘!"

포트리스를 몇 개 더 만들어 본격적으로 놀이, 아니 전투를 시작해 볼까요? 서로 마주 보고 공격을 시작합니다.

의자, 방석, 큰 인형을 사이에 두고 공격해도 재미있습니다. 대포알이 포물선을 그리며 멀리 날아가네요.
아이 "아빠! 이거 완전 잘 날아가요!"
아이는 거의 흥분 상태입니다.

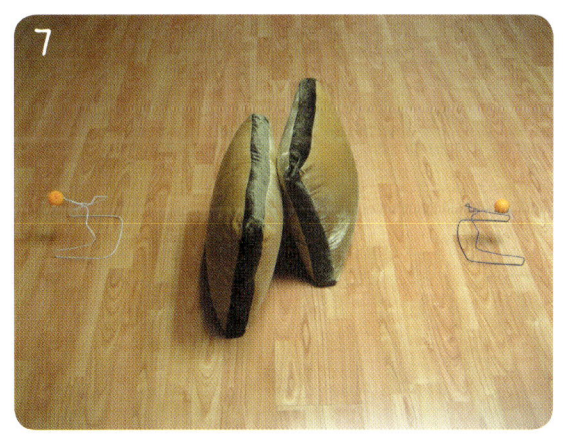

탁구공 대포알은 높이 날 뿐만 아니라 멀리도 날아갑니다. 멀리 가게 하려면 각도를 조절하면 됩니다.
아빠 "피융! 퍽! 명중!"
음향 효과를 더하니 정신이 없습니다. 웃느라 쏘느라 쓰러지느라……

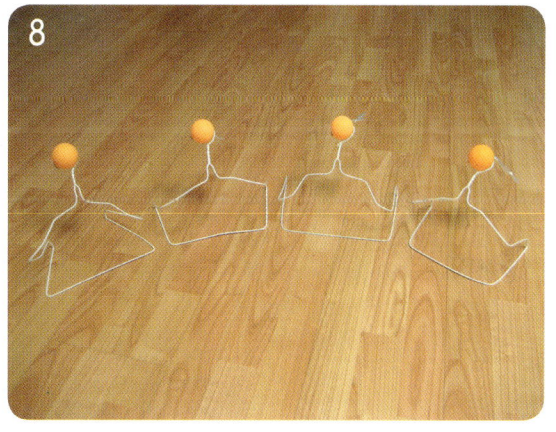

고무줄도 지렛대도 받침대도 필요 없는, 정말 단순한 투석기 포트리스, 정말 최고입니다!

2 우리 아빠 최고!
아빠와 아이가
함께 만드는 놀이

뱅글뱅글 공 굴리기 추격 놀이

7~10세

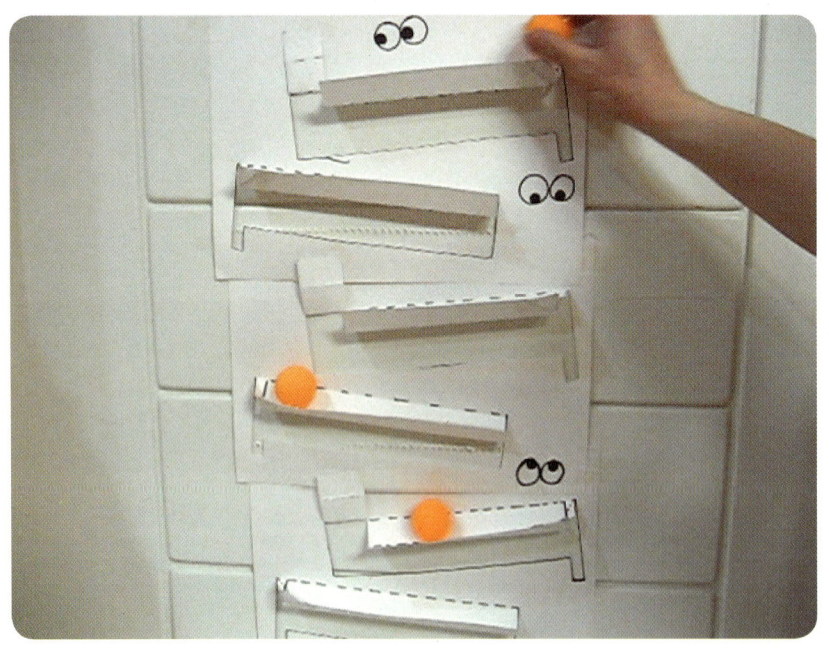

준비물
탁구공, 스케치북, 칼,
가위, 자, 유성매직,
스카치테이프

도로록도로록 공이 계속 굴러떨어지는
신기하고 재미있는 놀이입니다.
탁구공 여러 개를 준비하면 서로 쫓고 쫓기는 추격 놀이가 됩니다.
아이들 방문이나 벽에 붙여 주면 아주 좋아하겠지요?
자연스럽게 중력의 원리도 깨우칠 수 있으니
과학놀이로도 손색이 없습니다.

놀이를
동영상으로
즐기세요

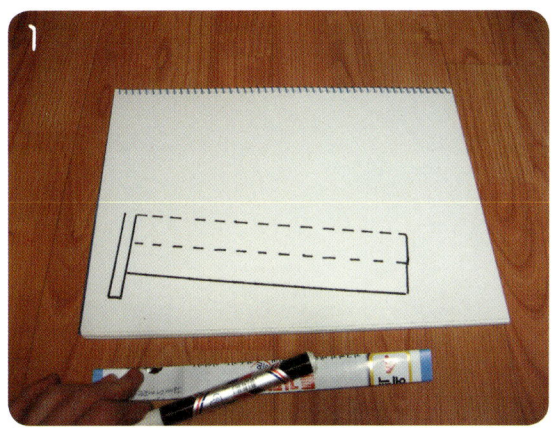

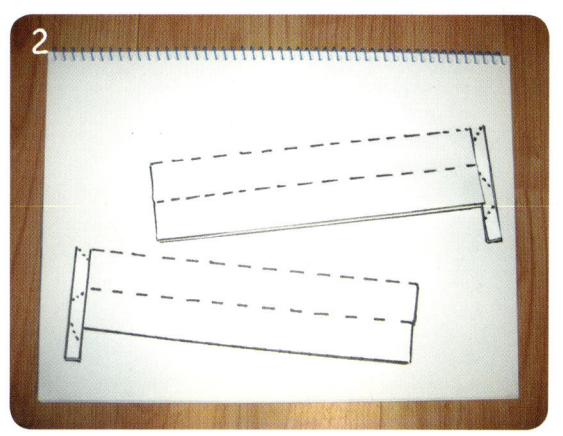

스케치북에 자와 유성매직으로 그림과 같이 밑그림을 그립니다. 이때 점선은 접는 선, 실선은 자르는 선입니다.

Tip 마분지 혹은 스케치북 앞뒷면의 두꺼운 종이로 만들면 더 좋습니다.

스케치북 한 장에 밑그림 2개씩, 그림처럼 경사가 져서 서로 이어지도록 그립니다.

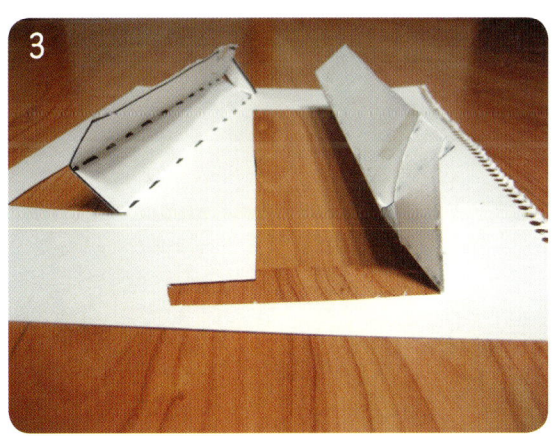

밑그림을 다 그렸으면 칼로 실선 부분을 자르세요. 가장자리에 길게 내려오는 종이를 접어서 테이프로 붙이면 오목한 홈이 파인 긴 도로가 만들어집니다. 같은 방법으로 석 장을 더 만드세요.

그런 다음 스카치테이프로 벽에 붙여 주세요. 미리 테스트해 본 다음 아이와 함께 놀이를 시작해 보세요. 탁구공에 아빠 공, 아이 공 표시를 한 다음 추격전을 벌이면 재미있겠지요?

Tip "누가 누가 빨리 가나?" 종이에 눈 그림을 그려 주면 더욱 재미있어요.

3 우리 아빠 최고!
아빠와 아이가
함께 만드는 놀이

달려라, 달려! 씽씽 봅슬레이

7~10세

준비물

티슈 상자, **탁구공**,
키친타월심,
두루마리 휴지심,
가위, 스카치테이프

중력의 원리를 이용한 과학놀이를 하나 더 소개합니다.
동계올림픽의 인기 종목, 얼음 레일을 씽씽 내려가는
봅슬레이를 재현한 놀이입니다.
그럼, 일단 봅슬레이 경기장이 어떻게 지어졌는지 알아볼까요?
시멘트와 철근……, 아니 티슈 상자와 휴지심을 건축 자재로 썼군요.
아빠와 아이가 함께 만들며 재미있는 시간을 보내세요.

놀이를
동영상으로
즐기세요

1

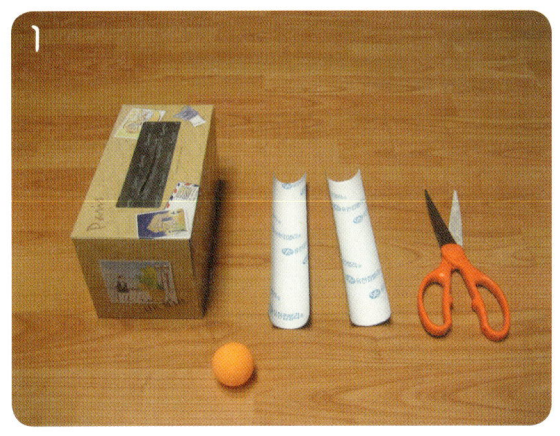

다 쓴 두루마리 휴지심 혹은 키친타월심을 반으로 자릅니다. 이것을 티슈 박스의 옆면에 붙여서 봅슬레이 레일을 만들 생각입니다.

2

휴지심 레일을 티슈 박스에 붙일 때에는 공이 중력을 받아 굴러 내려갈 수 있도록 해야 합니다. 높이와 경사도를 고려해 사진과 같이 휴지심을 스카치테이프로 잘 붙여 주세요.

3

이렇게 모서리 급커브 부분도 잘 굴러 내려갈 수 있도록 여분의 종이를 활용해 연결해 주세요.

Tip 공이 멈추는 지점, 모서리 끝 부분은 종이를 살짝 접어 올려 보세요.

4

아빠 "네, 드디어 씽씽 봅슬레이 경기장이 완공되었습니다. 그럼 탁구공 선수 입장하세요!"
아이 "와! 달려라, 달려!"
도르륵도르륵 잘도 내려가는 탁구공 봅슬레이 놀이에 아이가 푹 빠졌습니다.

응용 놀이가 더 재미 있어요!

4 우리 아빠 최고!
아빠와 아이가
함께 만드는 놀이

배 상자로 즐기는 실내 축구

준비물
과일 상자, 골핀지,
그물 스펀지 완충재, 칼,
가위, 유성매직, 청테이프,
탁구공 혹은 스펀지볼

과일 상자 속에 들어 있는 그물 모양의 스펀지 완충재 덕분에
아주 재미난 놀이가 탄생했습니다.
아이는 며칠 동안 이 놀이만 끼고 살며 애지중지했습니다.
규칙도 계속 바꿔 가며 더 재미있는 놀이로 발전시키기도 하더군요.
명불허전! 수많은 사람들이 찬사를 아끼지 않은 놀이의 진가를 직접 체험해 보세요.

1 과일 상자 아랫부분(작은 것)을 뒤집은 후 바닥면을 가로, 세로 2~3센티미터가량만 남기고 잘라 냅니다.

Tip 그물의 크기보다 잘라 낸 구멍이 조금 작아야 그물을 고정시킬 수 있습니다.

2 청테이프를 이용해 그물을 상자에 단단하게 고정시킵니다. 가능한 한 단단하게 붙여야 배 상자 축구를 오래 즐길 수 있겠지요?

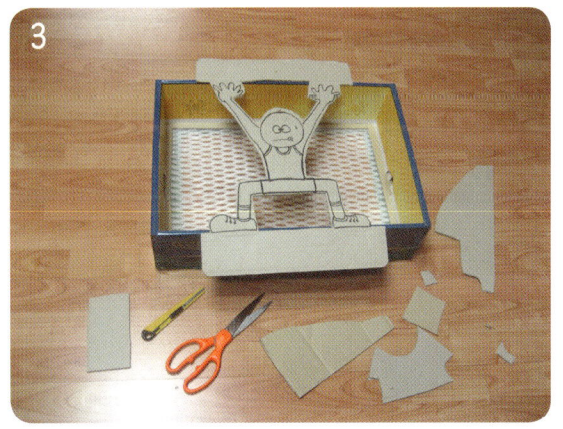

3 배 상자 속에 들어 있던 골판지를 활용해 골키퍼를 만듭니다. 사진처럼 유성매직으로 골키퍼의 팔과 다리가 골대의 위아래에 닿도록 그린 후 가위로 여백을 오려냅니다.

Tip 골키퍼 다리 사이로 공이 들어갈 수 있도록 그려 주면 놀이가 더 재미있습니다.

4 골키퍼의 손과 발아래 여분의 종이를 꺾어서 청테이프로 골대에 고정해 주면 단단해집니다. 골키퍼가 상당히 긴장한 모습으로 땀을 뻘뻘 흘리고 있네요.

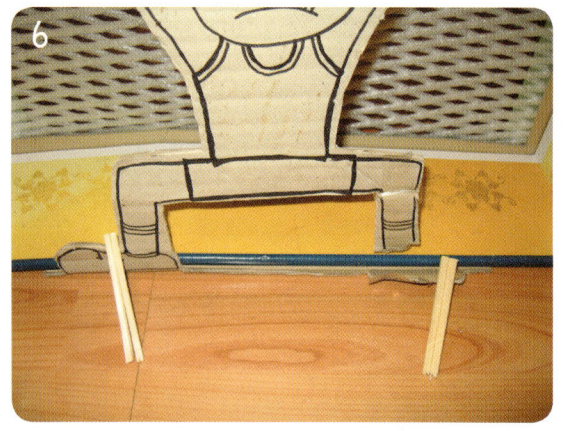

아빠 "자, 선수 입장! 발로 차는군요. 슛~!"
아이 "골인!!!!"
정말 기가 막히게 재미있습니다. 공이 다리 사이에 맞고도 골인이 되어 정말 웃겼습니다.

아이 "아빠, 그런데 골키퍼 다리가 부러졌어요."
텔레비전 볼 때도 곁에 둘 정도로 좋아하더니 결국 골키퍼 다리가 뚝 끊어져 버렸네요. 하는 수 없이 나무젓가락으로 골키퍼 다리에 부목을 대고 수술을 해 주었습니다.

아이가 개발한 업그레이드 놀이!
아이가 상자를 직접 들고 공을 움직여 노는데 규칙이 있습니다. 공은 벽에 부딪히거나 튕겨 나가서는 안 되고, 1초 이상 한 곳에 머물러서도 안 됩니다. 골키퍼 좌우로 공을 계속 움직여야 합니다.

업그레이드 놀이도 계속해서 발전했습니다.
그냥 서서 하는 것은 1단계,
설으면서는 2단계,
뛰면서는 3단계, 빙빙 돌면서는 4단계라고 하네요.
지금까지 1단계는 50초가 최고 기록입니다.
2단계 이상은 아직 10초를 넘기지 못했고요.
이렇게 아이가 직접 창의력을 발휘해
놀이를 발전시키니 더 즐겁습니다.

5 우리 아빠 최고!
아빠와 아이가
함께 만드는 놀이

몬스터 구덩이를 피해라, 울퉁불퉁 정글 레이싱

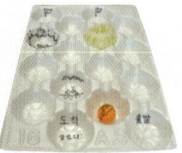

7~10세

준비물
과일 포장용
스티로폼 포장재,
탁구공, 유성매직

사람의 상상력은 무궁무진합니다.
늘 보는 과일 포장재도
어떤 상상을 하느냐에 따라 전혀 다른 놀잇감으로 변하니 말입니다.
울퉁불퉁한 길을 달려 목적지에 도착하는 정글 레이싱.
단, 몬스터 구덩이에 빠지면 죽습니다.
그럼, 아슬아슬한 대모험을 시작해 볼까요?

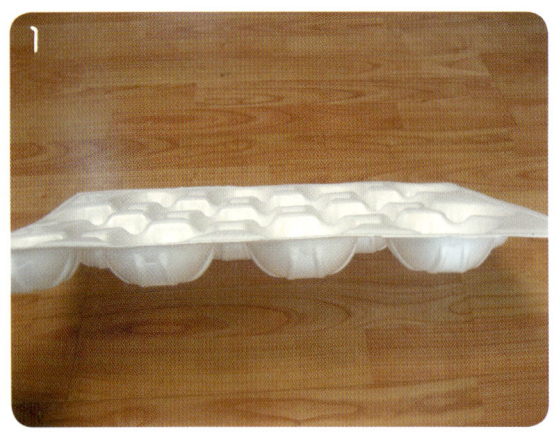

울퉁불퉁 정글 레이싱 경기장이 될 과일 포장재입니다. 옆에서 보니 꼭 산과 계곡 같지요?

Tip 스티로폼이나 얇은 플라스틱 등 조금 구부릴 수 있는 재질이면 더욱 좋습니다.

탁구공에 자동차 그림을 그려 주세요. 아니면 산악바이크도 좋고요.

아빠 "부릉부릉, 레이싱 준비 완료!"

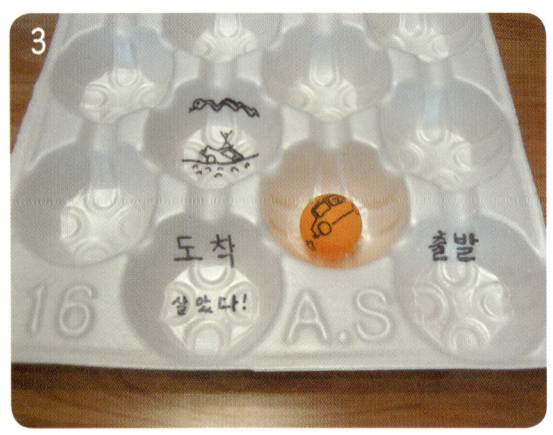

유성매직으로 출발과 도착 지점을 표시해 준 다음 곳곳에 장애물을 만듭니다.

아빠 "여기에서 출발해서 저기에 도착해야 해. 단, 중간에 있는 수렁에 빠지면 안 돼."

아빠 "오른쪽은 닿기만 해도 차가 타 버리는 불화산이야. 왼쪽 늪에는 악어와 피라니아가 기다리고 있으니 조심해야 해."

정글 레이싱, 참으로 험난한 여정이 예상되는군요.

아빠 "대신 1번 깃발과 2번 깃발은 반드시 지나가야 해."

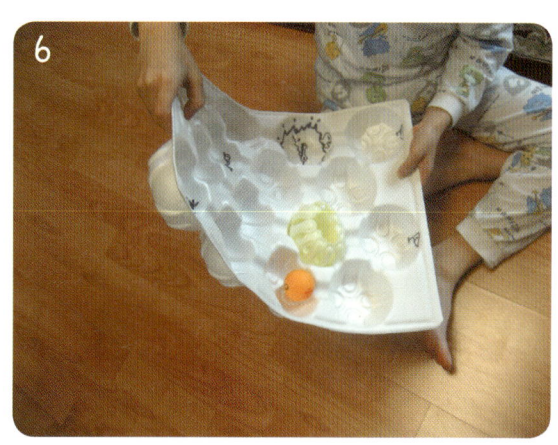

아이 한 번, 아빠 한 번……. 실패하면 상대방에게 기회가 넘어갑니다. 아, 물론 정글 밖으로 떨어져도 실패.

Tip 실패할 경우 아이는 떨어진 칸에서, 아빠는 다시 처음부터 시작하는 것으로 하면 공정합니다.

살살 기울이다 떨어질 때 재빨리 판을 올리는 것이 기술입니다. 아이는 잔머리 대가답게 정글 밑바닥을 손으로 튕겨 보기도 하고 판 자체를 탁탁 흔들어 보기도 하더니……. 결국 정글 자체를 구부리는 신기술을 개발해 냈습니다.

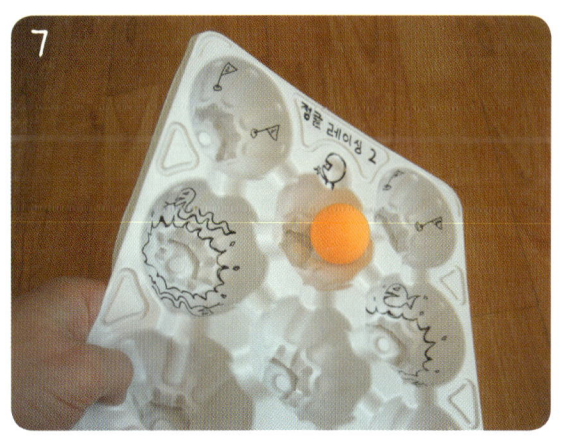

이 놀이는 사진처럼 딱딱한 플라스틱 판을 이용한 놀이로 만들어도 재미있습니다.

여러분도 집에서 한번 만들어 보세요.
그림 그리기가 힘들면 '늪'이나 '수렁' 칸에
X자만 크게 그려 놓아도 됩니다.
아니면 '늪', '수렁', '불화산'이라고
글자로 써도 좋습니다.
아이와 아빠가 머리를 맞대고
더 재미있는 놀이로 만들어 보세요.

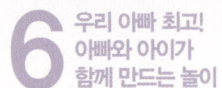

6 우리 아빠 최고!
아빠와 아이가
함께 만드는 놀이

균형 잡고 빙빙, 휴지심 발레리나

6~8세

준비물
휴지심, 유성매직,
눈 스티커

아름답고 유연하게 핑그르르 돌며 우아한 연기를 펼치는 발레리나를 보셨나요?
넘어질 듯 말 듯, 아슬아슬하게 균형을 잡을 때의 희열…….
발레리나가 된 휴지심이 빙글빙글 돌기 연습을 합니다.
조심조심 호호 불어서 무사히 한 바퀴를 돌 수 있도록
휴지심 발레리나에게 힘을 불어넣어 주세요.
조금만 방심하면 발레리나가 미끄러질지도 몰라요.

놀이를
동영상으로
즐기세요

발레리나의 꿈은 휴지심 2개에서 시작됩니다. 일단 휴지심 끝부분을 사진과 같이 손으로 살짝 눌러줍니다.

그 위에 다른 휴지심 하나를 얹고 눈 스티커를 붙이세요. 유성매직으로 귀여운 손과 발도 그려 주세요. 두 팔을 쫘악~, 다리도 척! 안전하게 균형을 잡고 선 모습이지요?

Tip 그림을 자세하게 그릴 필요는 없습니다. 나머지는 아이 상상에 맡기면 되거든요.

아빠 "안녕? 나는 방긋 웃는 발레리나야. 내가 도는 연습을 하게 후~ 하고 불어 줘."
아이 "후~ 후~ 후~~."
아빠는 옆에서 아이를 응원해 주세요.
아빠 "와, 잘 하네! 발레리나가 빙글빙글 돈다!"

아빠 "아이쿠쿠, 넘어졌다……."
너무 세게 불면 이렇게 넘어져 버립니다. 열 번 불어서 한 바퀴 돌리기 등의 규칙을 정해 아이와 놀이를 즐겨 보세요.

Tip 아이가 너무 어리면 휴지심 발레리나의 머리와 몸통을 테이프로 고정시킨 후 손가락으로 살살 치는 놀이로 바꿔도 재미있습니다.

165

7 우리 아빠 최고!
아빠와 아이가
함께 만드는 놀이

누가 누가 오래 버티나?
공포의 간질이기 게임

7~10세

준비물
알루미늄 포일 또는
신문지, 선물 세트 상자,
유성매직

재활용품 장난감이 집 안 가득 쌓이게 되면
주변의 어린이들을 위해 기증을 하거나 재활용품 수거함에 버리곤 합니다.
하지만 아이가 보관하기를 원해서 버리지 못한 장난감도 있습니다.
이 '공포의 간질이기' 놀이가 바로 그것입니다.
만들기도 쉽고 놀기도 쉬운 데다가
아빠와 아이가 서로 사랑하는 마음을 교감할 수 있어 강하게 추천합니다.

식품 선물 세트 빈 상자를 준비합니다. 알루미늄 포일을 꽁꽁 말아 용기의 홈보다 조금 작은 공을 만듭니다.

Tip 알루미늄 포일 대신 신문지를 사용해도 좋습니다. 일반 공은 너무 잘 튕겨서 이 놀이에는 적합하지 않습니다.

플라스틱 용기에 '1, 2, 3' 그리고 가운데 칸에 '-3' 등의 숫자를 적습니다. '1'이라 쓰인 칸에 들어가면 1초간 상대방을 간질일 수 있고, '-3'이 나오면 3초간 간질임을 당해야 합니다.

Tip 마이너스 숫자 칸은 적게 하세요.

종이 상자 내부에는 그림을 그려 주세요.
사진과 같이 상자를 벽에 기대어 놓고 1~2미터 떨어진 곳에서 아이와 아빠가 번갈아 가며 알루미늄 포일을 던집니다.

아빠 "와, 2초!" 아이 "깔깔깔……."
아빠가 아이를 2초간 간질입니다.
아이 "이번엔 3초!"
아빠 "윽, 안 돼!" 아이가 아빠의 약점인 겨드랑이를 공격하네요.
그럼 아빠는 다음 기회에 아이 발가락을 공격해야겠어요.
배도 간질이고, 목도 간질이고…….
짧게 승패가 자주 갈리는 규칙을 만들어 서로 간질이기 공격을 주고받으니 배꼽이 빠질 정도로 재미있습니다.

8 우리 아빠 최고!
아빠와 아이가
함께 만드는 놀이

모두 다 물리쳐 주마,
투명 앵그리버드 발사대

7~9세

준비물
투명 플라스틱
과일 포장 용기,
작은 앵그리버드 인형

아이가 참 좋아하는 앵그리버드 인형.
이 녀석들은 늘 어디로 날아가고 싶어 하니
발사대가 꼭 필요합니다.
과일 포장 용기로 새로운 발사대를 만들어 봤습니다.
사실 이 놀잇감은 만드는 과정이 전혀 필요 없습니다.
정말 간단하면서도 나름 힘도 좋아 아주 만족스럽네요.

놀이를
동영상으로
즐기세요

키위 포장 용기를 그림처럼 뒤집습니다. 꼭 키위가 아니어도 이렇게 홈이 파인 모양의 용기면 모두 가능합니다.

이렇게 포장 용기를 뒤집기만 해도 발사대가 완성됩니다. 플라스틱 용기 자체의 탄성을 이용한 것이지요. 앵그리버드 하나만 올려도 되지만, 칸이 2개이니 친구도 함께 올릴 수 있습니다.

1미터 정도 떨어진 곳에 목표물을 세웁니다.
아빠 "오……, 온다, 온다! 모두 대열 맞춰!"
인형들이 만반의 태세를 갖췄습니다.
아이 "준비해라! 앵그리버드의 뜨거운 맛을 보여 주겠다! 발사!"

아빠 "퍽! 에구구구구……."
아이 "스트라이크! 명중!"
한참 재미있게 놀던 아이가 갑자기 아빠를 목표물로 바꾸는 바람에 정말 진땀을 뺐습니다. 어쨌든 아빠와 아이가 서로의 목표물이 되어 주니 그것도 재미있더군요.

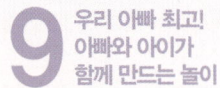

9 우리 아빠 최고!
아빠와 아이가
함께 만드는 놀이

아주 아주 간단한
크리스마스트리 만들기

6~8세

준비물

큰 상자, 칼, 유성매직,
박스테이프

손재주가 없는 아빠들은
크리스마스트리도 간단한 것이 좋습니다.
복잡한 장식이 없고 비싼 재료를 사용할 필요도 없는
아주 아주 간단한 그리고 무척 저렴한 크리스마스트리!
아이와 함께 만들고 개성과 창의력 넘치는 다양한 방법으로 꾸며 보세요.
시중에 파는 크리스마스트리가 전혀 부럽지 않습니다.

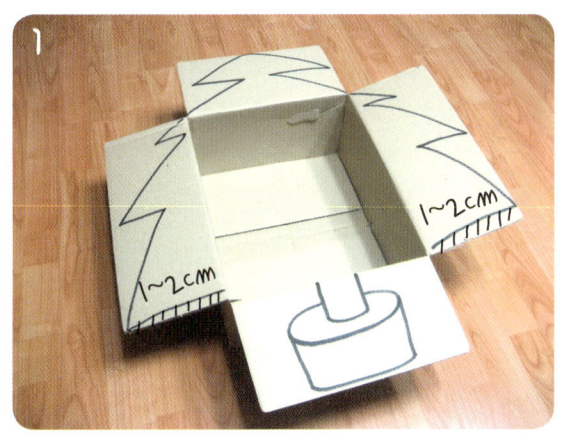 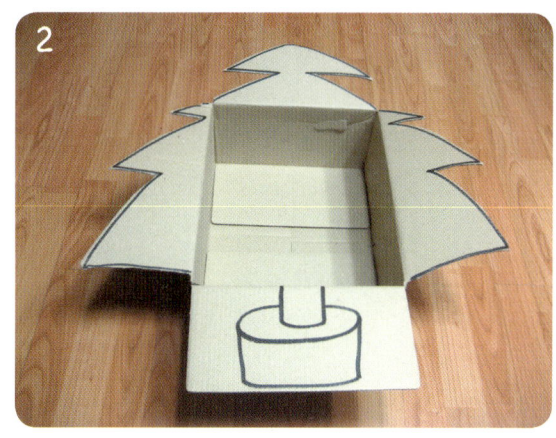

빈 상자를 사용합니다. 유성매직으로 나무를 그려 주는데, 이때 잎사귀가 아래로 갈수록 크게 그리는 것이 좋습니다.

Tip 맨 아래 잎사귀는 바닥과 1~2센티미터 정도 여백을 남게 그려 주면 더욱 입체적인 효과를 낼 수 있습니다.

그림과 같이 나뭇잎 모양을 칼로 잘라 냅니다.

Tip 절단면을 볼펜대로 문질러 아이 손이 다치지 않게 해 주세요.

잘라 낸 종잇조각으로 그림처럼 트리 뒷부분의 지지대를 만든 후 테이프로 붙입니다.

Tip 지지대를 자세히 살펴보면 이렇습니다.

자, 크리스마스트리가 완성되었습니다. 네? 장식이요? 제가 트리를 만든다고 했지 트리 장식까지 만든다고는 안 했습니다. 흠흠.

색종이를 붙이든 반짝이 줄을 휘감든, 그건 아이와 엄마의 몫입니다. 손재주 없는 아빠에게 너무 많은 것을 요구하지 마세요. 하하.

10 우리 아빠 최고!
아빠와 아이가
함께 만드는 놀이

혀가 점점 늘어나는 아빠 메롱 인형

5~8세

준비물
속지가 있는 화장품 상자,
칼, 유성매직

눕히면 저절로 눈이 감기는 인형, 기억나세요?
늘 똑같은 얼굴의 인형이 조금 지루하다면
표정이 바뀌는 재미있는 인형을 만들어 보세요.
메롱 하는 인형의 혀를 잡아당기면
메~롱, 메~~롱 하고 우스운 표정으로 바뀌어 갑니다.
다양한 표정의 인형이 아이의 창의력을 샘솟게 합니다.

놀이를
동영상으로
즐기세요

1 이렇게 속지가 있는 상자를 이용하세요. 밝은 색상의 상자가 표정을 나타내기에 좋습니다.

2 속지를 꺼내고 가운데 부분을 사진처럼 오려 내세요. 그리고 유성매직으로 인형의 코와 입을 그리세요.

Tip 입을 아랫면에 닿게 그리면 인형의 표정이 더 자연스럽습니다.

3 이제 속지를 집어넣은 상태에서 매직으로 인형의 눈과 혀를 그려 주세요.

아빠 "메롱! 혀가 살짝 나왔네."

4 아이 "저도 볼래요! 이게 완성이에요?"

아빠 "아니야, 아직 남았어. 혀를 당기면 표정이 바뀌는 인형이거든."

상자 속지를 조금 더 뺀 다음 두 번째 눈을 그려 줍니다.

아빠 "메~롱! 아이고 눈이 뱅글뱅글 돌아가네!"
아이 "하하하, 표정이 바뀌었네!"

이제 속지를 더 많이 빼낸 다음 세 번째 눈을 그려 줍니다.

아빠 "메~~롱! 야야야! 혀를 그렇게 세게 당기면 어떡해!"
아이 "와, 인형이 눈을 감았다!"

아이 "아빠 메~~롱, 어때요? 제 표정이랑 똑같죠?"
아무래도 아이가 아빠 놀리기에 재미를 붙였나 봅니다.

속지를 빼면 이런 상태가 됩니다. 이렇게 보니 좀 이상하지요? 좀 더 긴 상자라면 더 다양한 표정을 만들어 볼 수 있겠네요. 메롱 인형으로 아이와 함께 즐겁게 놀아 보시기 바랍니다.

요즘 퇴근이 기다려지는 이유

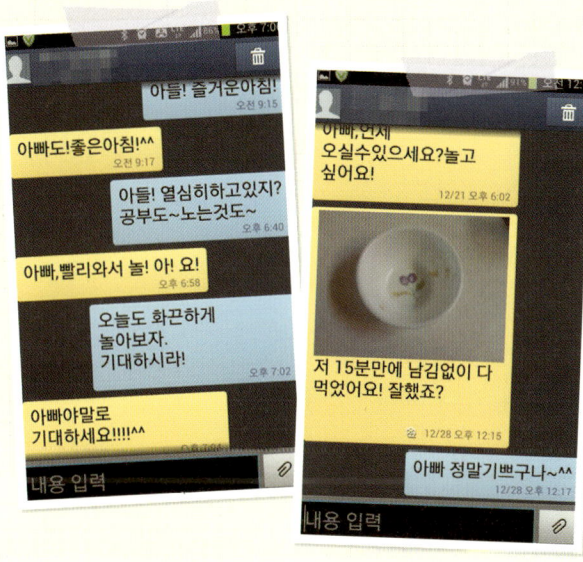

아들에게 휴대전화가 생겼습니다.
엄마가 3년 넘게 썼던 구식 전화기로, 스마트폰도 아닙니다.
하지만 아이는 자신의 휴대전화가 생겼다는 사실에 마냥 즐거워하네요.
그런데…… 아들만 즐거워하는 게 아닙니다.
아빠에게도 새로운 즐거움이 생겼습니다.
아들과 문자 주고받는 재미!
비록 10분 놀이지만 이렇게 뜸을 들이니 왠지 더 기대가 됩니다.
요즘 퇴근이 기대되는 이유입니다.

"아빠, 좀 세게 밀어 주세요!"
아이들이 싫어하는 곤충이 있습니다.
　　대충.

> 5장

아빠와 아이의 꿈이 함께 자라는 온 가족 놀이

바쁘지만 행복한 아빠 모습, 가족 안에서 만들어요

남편에 대한 아내의 무한 신뢰가 아빠 육아의 원동력

'우리 남편도 좀……'이라고 불평하는 엄마들께 가끔 내 아내 이야기를 합니다. 나는 청소, 설거지, 빨래 등 집안일을 일 년에 세 번 이상 도와준 적이 없고 주말에도 늘 바쁘게 일만 했습니다. 아내는 그런 내게 결혼 생활 10년 동안 단 한 번도 '청소해 달라', '설거지해 달라'고 요구한 적이 없습니다. 대신에 늘 '고마워요', '수고하셨어요', '행복해요'라는 말을 했습니다. 자랑하는 것이 아니라 일중독 아빠인 나를 늘 훌륭한 아빠로 대우해 주었다는 이야기를 하는 것입니다.

'넌 훌륭한 사람이 될 거야.'라고 말하는 엄마의 믿음이 실제로 그 아이를 훌륭하게 만들듯 이러한 아내의 한결같은 믿음, 신뢰, 응원이 결국 나를 변화하게 만든 요인입니다. 아이가 나를 보고 울음을 터트린 순간이 변화의 직접적인 계기가 되었다면, 아내의 한결같은 믿음은 이러한 변화를 위한 밑거름이었습니다.

아빠 자신의 모습, 아빠의 행복부터 찾으세요

아빠 육아는 아빠의 행복에서 출발합니다.

많은 아빠들은 아빠의 모습을 포기하고 엄마처럼 혹은 아이처럼 되어야 하는 것이 아빠 육아라고 생각합니다. 하지만 아빠는 아무리 노력해도 엄마가 될 수 없고, 아이가 될 수 없습니다. 그러니 아무리 집안일을 열심히 하고 아이와 놀아 줘도 못한다는 소리를 듣기 십상입니다.

따라서 엄마나 아이처럼 되는 것이 아니라 먼저 아빠 자신의 모습을 찾아야 합니다. 즉 가정 안에서 자신의 행복을 먼저 찾아야 합니다. 그것 하나만 성공해도 아빠로서 아빠 육아의 기본은 갖춘 셈입니다. 아빠가 아빠 자신만의 모습으로 서 있는 것. 이것이 아빠 육아의 첫걸음입니다.

아이와 가까워지려는 노력은 그다음 단계입니다. 이 책에 소개된 놀이도 어쩌다 한 번 인심 쓰듯 하는 이벤트가 되어 버리면 큰 의미가 없습니다. 아이와 스킨십을 하기 전에 먼저 아빠가 행복하고 기뻐야 합니다. 그다음에 아이에게 다가가는 실천 단계가 이어져야 합니다. 나 역시 그랬지만 많은 아빠들이 이 첫 번째 과정을 무시하고 두 번째 단계만 먼저 하려다 보니 '육아'라는 것이 부담스럽고 힘들게 여겨집니다.

아이가 무엇을 좋아하는지 물어보세요

아이가 좋아하는 것을 찾는 법은 간단합니다. 아이가 뭘 좋아하는지, 또 뭘 싫어하는지 물어보면 됩니다. 왜냐하면 저는 섬세한 엄마가 아니라 눈치 없고 무뚝뚝한 아빠이기 때문입니다. 백번 상상해도 아이가 뭘 좋아하는지 알 수 없습니다. 그래서 그냥 묻습니다. 그것도 매일 묻습니다. 놀이를 할 때도 아이에게 묻습니다.

"오늘은 무슨 놀이 할까?"

아이가 학교에서 한창 유행하는 딱지를 들고 왔습니다. 그럼 그날은 재활용품으로 만든 놀잇감은 잊어버리고 신나게 딱지를 칩니다. 아이가 텔레비전을 보며 야구 응원에 열중하고 있으면 같이 텔레비전을 보며 응원합니다. 그냥

"넌, 뭘 좋아하니?"
아이의 관심사를 알고 싶다면 질문하세요.

그날 아이의 관심사를 따라하는 것만으로도 아이와 친구가 될 수 있습니다. 사실 아이의 취향이 어떻고 무엇을 좋아하는지는 잘 몰라도 상관없습니다. 어차피 아이의 관심사는 매일 바뀌니까요.

함께 시간을 보내며 둘만의 비밀을 만드세요

아빠와 아이가 행복한 관계를 만들어 갈 수 있는 비결이 무엇인지, 사실 나도 잘 모릅니다. 그냥 시간을 함께 보냅니다. 하루가 이틀이 되고, 이틀이 일주일이 되고, 일주일이 한 달이 됩니다. 함께 하다 보면 자연스럽게 서로에 대해 더 많이 알게 되고, 그러다 보면 자연스럽게 서로에게 익숙해집니다.

어색했던 아빠와 아들이 서로에게 익숙해지는 데는 시간이 필요합니다. 하루 종일 놀이공원에 가서 논다고 서로에게 금방 익숙해지진 않습니다. 하지만 그 놀이공원도 몇 번이고 같이 다니다 보면 나중에는 입장하자마자 뭘 먼저 타야 하는지 서로 말 안 해도 아는 사이가 됩니다.

마찬가지로 매일 아이와 10분씩이라도 노는 것을 반복하다 보면 서로에게 익

숙해지고 말없이 툭 쳐도 놀이가 되고 웃음이 됩니다. 그것이 아빠와 아이가 함께 나누는 행복입니다. 뭐라고 더 설명하지는 못하겠지만 서로에게 익숙해진 상태. 말이 없어도 서로가 다음 동작을 아는 상태. 그것이 행복한 관계가 아닐까요?

요즘 아이가 자주 내게 귓속말을 합니다.

"엄마한테는 얘기하지 마세요. 있잖아요……, 속닥속닥……."

아빠와 아이가 공유할 수 있는 둘만의 비밀이 생긴다면, 아마도 서로에게 익숙해졌다는 신호가 아닐까 합니다.

이보연 선생님
아빠 놀이
도움말

아이의 발달 단계에 맞는 놀이부터 시작하세요

2~6세 아이들에게 필요한 가상 놀이

2세 아이는 말을 할 줄 알게 되면서 사고력이 발달합니다. 그리고 상상할 수 있는 능력이 생기지요. 그래서 이때는 가상놀이(pretend play)를 즐깁니다. 즉 내가 엄마인 것처럼, 아빠인 것처럼, 의사인 것처럼 가정하고 흉내내는 놀이를 좋아합니다. 아이들은 이런 역할놀이를 통해 자연스럽게 사회 구성원의 역할을 배우고 예의범절을 익힙니다. 또한 이 시기 아이들은 조작 능력도 제법 좋아져서 블록쌓기 놀이나 못을 박거나 나사를 돌리는 식의 공구 세트를 갖고 노는 것을 재미있어 하며 여러 번 반복합니다. 퍼즐 맞추기 놀이도 무척 좋아하지요.

2~6세 아이들은 놀이에 있어서 초절정기입니다. 이 시기 아이들은 놀이를 통해 학습, 사회성, 정서 발달에 필요한 기초를 배웁니다. 또한 놀이는 무척 즐겁기 때문에 꼭 무언가를 학습한다는 부담이나 강박감 없이 필요한 것을 할 수 있습니다. 그러므로 이 시기에는 힘들여 무언가를 가르칠 필요 없이 재미있게 놀기만 해도 됩니다. 그 과정에서 아이는 학습의 밑바탕을 충분히 다질 수 있습니다.

학령기 아이들이 즐겨하는 규칙 놀이

학령기에 들어선 아이들은 어른과 같이 결과가 있는 놀이를 즐기기 시작합니다. 또한 보드 게임 혹은 '무궁화 꽃이 피었습니다'와 같은 규칙이 있는 놀이도 시작합니다. 이때 규칙이라는 것은 아이들의 사회성을 발달시키는 데 매우 중요한 요소입니다. 이러한 경쟁적이고 승패가 갈리는 놀이를 즐기려면 자기 중심적인 태도보다 타인을 배려하고 협동할 줄 아는 능력이 필요하기 때문입니다.

아이 발달 수준에 적합한 맞춤 놀이가 필요합니다

아이의 연령에 따른 발달 특성을 인식하고 그에 맞는 놀이를 하는 것은 매우 중요합니다. 그런데 이 과정을 거치지 않고 바로 학령기에나 하는 규칙 놀이를 하면 부작용이 나타날 수 있습니다. 아직 자기 중심성이 높아 상대를 배려하는 마음이 부족하기 때문에 놀이에서 지는 것을 받아들이지 못해 화를 내거나 규칙을 지키지 않은 채 자기 마음대로 고집을 피우는 통에 놀이를 지속할 수 없는 경우가 이에 해당됩니다.

요즘 많은 부모들은 아이들에게 유아기 놀이를 건너뛰고 학령기에나 할 법한 게임을 하게 하는 모습을 보입니다. 아이와 가상놀이를 하자니 어떻게 해야 할지 난감하고 귀찮아서 복잡하게 생각할 필요 없고 규칙이 모두 정해져 있는 놀이를 선택하는 것입니다. 하지만 이렇게 쉬운 길로만 가려고 하면 아이의 발달에는 좋은 영향을 주기 어렵습니다. 무엇이든 노력해야 그에 상응하는 결과가 오게 마련입니다. 따라서 조금 귀찮더라도 아이의 미래를 위해 노력하고 부모와 아이 모두 행복해질 수 있는 방법을 찾아야 합니다.

1 아빠와 아이의 꿈이
함께 자라는
온 가족 놀이

아빠 괴물을 물리쳐라!
어린이 참외 극장에 초대합니다

6~8세

준비물
참외 상자, 유성매직,
박스테이프, 칼,
각종 인형

어린이 참외 극장을 아시나요?
참외가 담겨 있던 상자를 이용해
아이와 함께 즐길 수 있는 작은 극장을 만들었습니다.
마침 〈아빠 괴물을 물리쳐라〉란 인형극 공연이 시작되었다고 하네요.
집 안 곳곳에 숨어 있던 재활용품 인형이 총출연하고,
감독은 아이와 아빠가 함께 맡았습니다.

한쪽 면이 트여 있는 과일 상자를 사용하세요.

아빠 "세워 보니 느껴지는 입체감! 그래, 넌 무대로 딱이야!"

뒷면 바닥 가장자리에 유성매직으로 간단한 배경을 그린 다음 그림을 남겨 놓고 잘라 냅니다. 그림 실력이 별로 없다면 그냥 간단하게 창문처럼 네모난 구멍만 그려 줘도 됩니다. 무대 장치의 부족함은 아빠의 연기력으로 보충하면 되니까요. 하하.

인형들을 주인공으로 삼고 다양한 이야기를 꾸며 봅니다. 동화책에 나오는 이야기도 좋지만 책과 똑같이 하지 않고 아빠 괴물의 깜짝 출연 등 변화를 조금만 줘도 아이들은 재미있어 합니다.

Tip 무대를 박스테이프로 책상에 고정시켜 주면 흔들리지 않아 놀이하기에 좋습니다.

제법 그럴 듯하지요? 공연을 마친 후에는 다 함께 기념 사진도 찍었습니다.

아빠 "자, 다들 위치로! 하나, 둘, 셋, 김~~치!!"

2 아빠와 아이의 꿈이 함께 자라는 온 가족 놀이

큰 박스 인간 두더지 잡기

4~7세

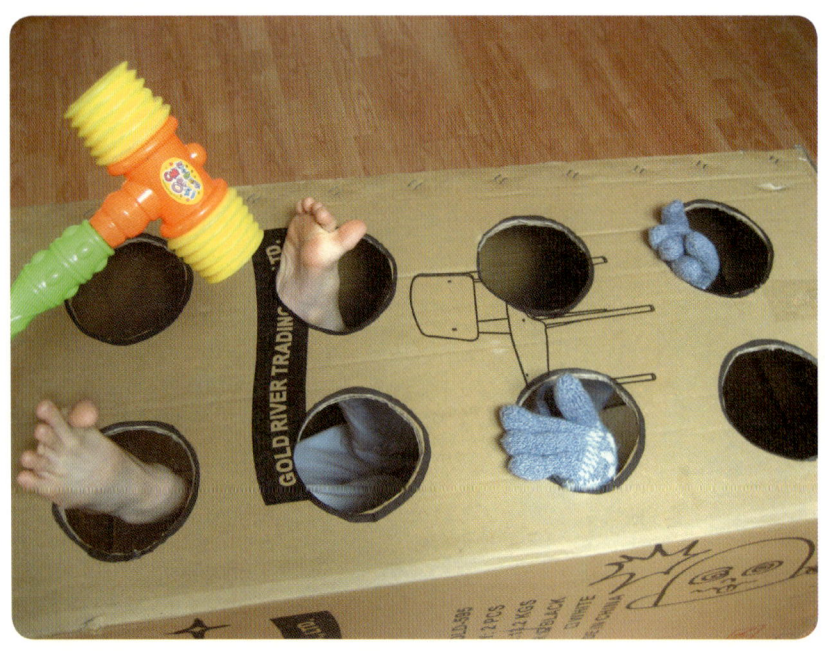

준비물
큰 박스, 종이, 가위, 칼, 유성매직, 뿅망치, 스펀지볼, 장갑

가구용 큰 박스를 이용해 만든 두더지 잡기 게임기입니다.
하지만 보이는 것이 전부가 아닙니다.
두더지 원반 던지기, 두더지 농구, 두더지 굴 탐험까지…….
곰국처럼 우려내고 또 우려내 다양한 방법으로 놀 수 있는 장난감입니다.
이 놀이 역시 아이가 정말 좋아해 좀처럼 버리려고 하지 않았습니다.
아빠는 기쁘지만 엄마는 집 안 곳곳 재활용품 장난감들이 쌓여 고민이라는군요.

놀이를 동영상으로 즐기세요

아이 "이 상자는 뭐지? 혹시 이 안에 폭탄이?"
아빠 "수색조 긴급 투입!"
상자 수색을 위해 멍이와 물둥이도 투입되었습니다.
아이 "없다, 없어! 그런데 아지트 하기에 딱 좋은데요?"

종이로 큰 동그라미 틀을 만든 다음 상자에 여러 개 그려 줍니다.

Tip 종이를 네 번 접은 다음 부채꼴을 그려 가위로 잘라 내면 원을 쉽게 그릴 수 있습니다.

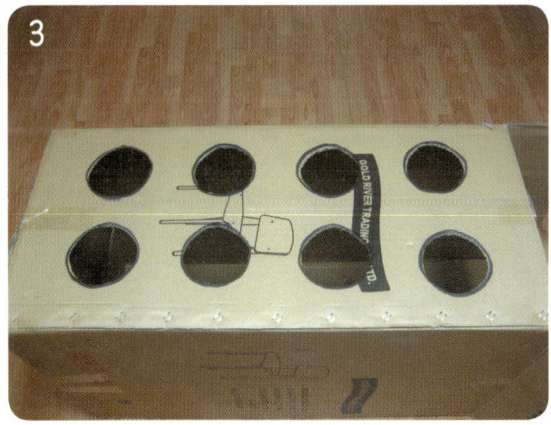

상자 한 면에 원을 8개 그린 다음 칼로 잘라 내면 두더지 구멍 완성!

Tip 옆면에 두더지 그림을 그려 주면 더 재미있겠지요? 칼로 잘라 낸 부분은 볼펜대로 문질러 줍니다.

아빠나 엄마가 상자 안에 들어가 주먹을 두더지처럼 구멍 밖으로 내밉니다. 이 주먹 두더지를 보고도 그냥 넘어갈 녀석은 아무도 없습니다.
아빠 "나, 여기 있지롱!"
아이 "아하하, 두더지다! 뿅뿅뿅뿅."
아빠와 아이, 또 온 가족이 번갈아 가며 두더지 역할을 해보세요. 장갑을 끼면 손이 덜 아픕니다.

이것으로 끝이 아닙니다. 두더지 구멍을 만들 때 잘라 낸 동그란 박스 종이에 재미있는 표정을 그리면 종이 원반으로 변신!

Tip 종이 원반에 각각 다른 표정의 얼굴을 그려 주면 더 재미있습니다.

아빠 "자, 이렇게 손목 스냅을 이용해서 휙 던지면 잘 날아가."

응용 놀이가 더 신나네요!
두더지 원반 던지기

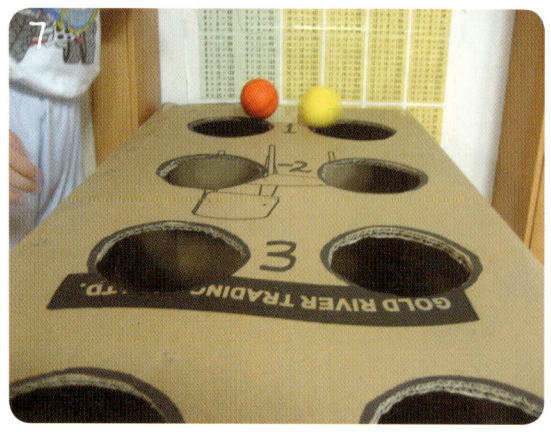

두더지 상자 놀이 3탄입니다. 구멍에 '1, -2, 3, 5' 하고 점수를 적은 다음 공 던지기 놀이를 해보세요.

Tip 상자를 벽이나 문에 바짝 붙여 주는 것이 좋습니다.

더 재미있는 놀이 아이디어 총집합!

하지만 아이가 무엇보다 좋아하는 놀이는 자신이 두더지가 되어 상자 안을 탐험하며 노는 것입니다.

아빠 "얘야, 이 장난감은 네 방에 좀 보관해 놓자. 여기서 아빠가 상자 놀이를 더 만들어 내면 엄마 폭발하고 말 거야!"

3 아빠와 아이의 꿈이 함께 자라는 온 가족 놀이

우리 집 최고 인기 놀이, 손가락 피자 야구장

8~10세

놀이를 동영상으로 즐기세요

이틀간 32만 명 조회

준비물
피자판, 유성매직, 생수병 뚜껑, 체스판 말

맛있는 피자 한 판을 먹으면 야구 놀이가 무료!
피자 회사에서 좋아할 만한 광고 문구이지요.
넓은 피자판에 유성매직으로 야구 경기장을 쓱쓱 그리고
생수병 뚜껑으로 주자들을 만들어 주면 재미있는 야구 경기가 시작됩니다.
온 가족이 시간 가는 줄 모르고 즐길 수 있는 피자 야구 놀이.
오랜만에 히트작이 나왔으니 당분간은 놀잇감을 안 만들고 버틸 수 있겠네요. 하하.

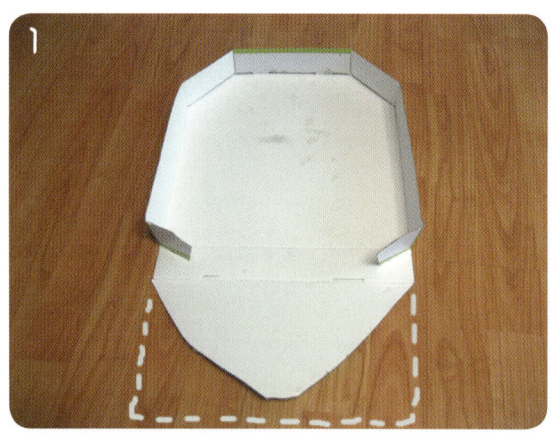

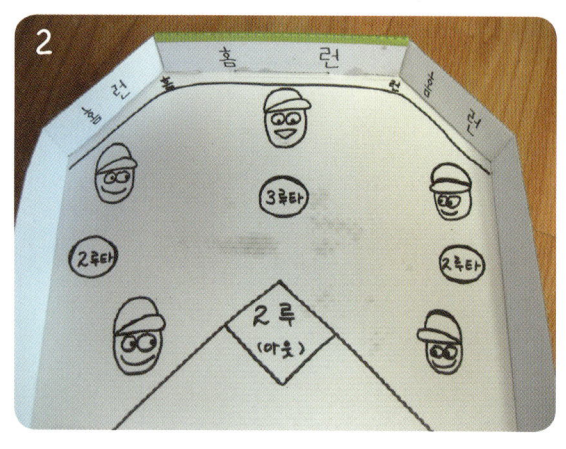

원래 점선 부분까지 있었던 뚜껑 부분을 잘라 내 그림과 같이 만듭니다. 잘라 낸 부분은 볼펜대로 쓱쓱 문질러 다듬습니다.

홈런 선은 1센티미터 이하로 작게 그립니다. 그래야 홈런이 잘 나오지 않으니까요. 외야수도 그립니다. 만약 홈런 선과 외야수 모두에 공이 걸쳐지면 외야수가 점프해서 공을 잡은 것으로 간주합니다.

손가락으로 생수병 뚜껑 주자를 튕겨 게임을 진행합니다. 1루, 2루, 3루는 크게 그립니다. 각 베이스에 공이 멈추거나 수비수 몸에 닿으면 플라이아웃입니다.

아빠 "자, 아빠 팀 공격!"

아빠 "네, 쳤습니다! 안타성 타구! 하지만 아직 안심하기엔 이릅니다. 수비를 맡고 있는 아이 팀 선수, 재빨리 공을 1루로 송구합니다."

아빠 "앗, 송구 실책이 나왔습니다. 주자는 2루까지 갑니다. 아빠 팀 2번 타자 타석에 들어섰습니다. 노아웃에 주자는 2루."

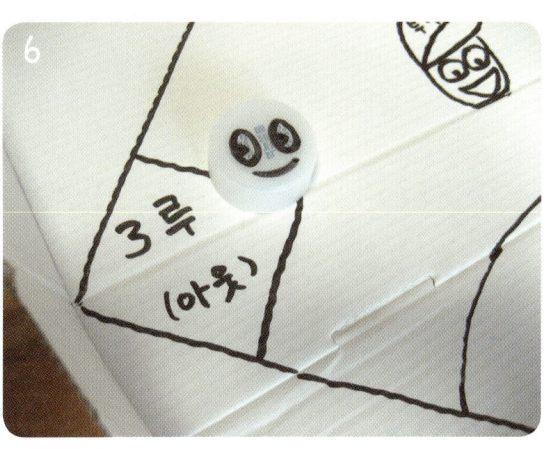

아빠 "앗, 쳤습니다. 유격수 플라이 아웃! 이때 주자는 3루까지 뜁니다. 유격수 3루로 공을 던져 아웃시킵니다. 3루 코앞에 공이 떨어졌는데 3루로 뛰다니, 아빠 팀이 잘난 척하다 당했군요."

아빠 "아빠 팀 3번 타자 타석에 들어섰습니다. 앗, 내야 땅볼! 아이 팀 선수 재빨리 공을 1루로 던집니다.

아이 "아웃! 쓰리 아웃 체인지!"

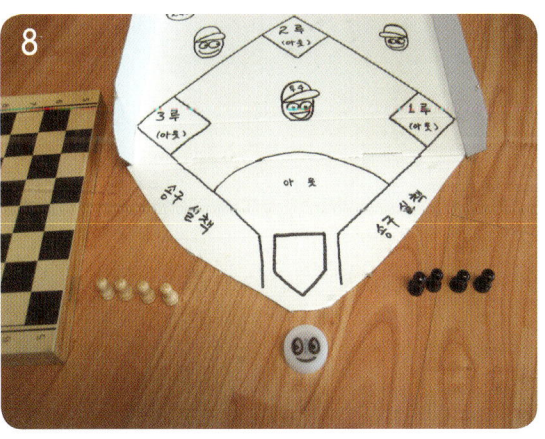

이제 판을 돌려 아이 팀이 공격을 합니다. 주자는 체스판 말을 사용할 수도 있고 장기알, 바둑알, 레고 블록 등등 무엇이든 좋습니다.

4 아빠와 아이의 꿈이
함께 자라는
온 가족 놀이

잠자는 사자를 건드리지 마라, 사자 코털 뽑기

6~8세

준비물
종이 상자, 칼, 유성매직

드르렁드르렁~, 사자가 코를 골며 잠을 자고 있습니다.
이때 지나가던 여우 한 마리,
평소 자신을 못살게 굴던 사자의 코털을 뽑아서 골려 주고 싶습니다.
하지만 코털을 뽑다 사자가 잠에서 깨면 사자 먹이가 되고 말아요.
과연 사자에게 먹힐 것인가, 살아남을 것인가?
아이와 아빠가 번갈아 가며 사자와 여우가 되어 재미있게 놀 수 있습니다.

큰 상자에 사진과 같이 잠자는 사자를 그립니다. 긴장감을 높이기 위해 이빨을 살짝 그렸는데……, 드라큘라 사자가 되어 버렸어요. 크큭.

이제 사자의 코털을 그리고 칼로 구멍도 냅니다. 구멍의 크기는 어른의 집게손가락이 들어갈 정도면 됩니다.

Tip 칼로 잘라 낸 부위는 손이 다치지 않게 볼펜대로 문질러 주는 것 잊지 마세요.

사자가 된 사람이 구멍에 손가락을 넣은 후 셋을 세며 손가락 하나를 뺍니다. 여우가 된 사람은 두 손으로 사자의 수염을 잡을 준비를 합니다. 둘 중 어느 손가락이 빠질지 모르니, 순발력이 필요하겠지요? 이번에는 아빠가 사자, 아이가 여우입니다.

아빠 "하나, 둘, 셋!"
아이 "와! 코털 잡았다!"
아빠 "감히 내 코털을 뽑다니, 너를 잡아먹을 테다. 아흥흥흥."

아빠의 효과음에 아이 웃음보가 터집니다. 코털을 뽑으면 사자에게 잡아먹히는 것인데도 아이는 좋다고 합니다.

5 아빠와 아이의 꿈이 함께 자라는 온 가족 놀이

걸리면 뽕망치 다섯 대! 뱅글뱅글 페트병 물고기

7~10세

놀이를 동영상으로 즐기세요

준비물
작은 페트병, 눈 스티커, 스카치테이프, 유성매직, 이면지 등 흰 종이

운명의 수레바퀴…… 아니, 페트병 물고기의 수레바퀴라고 해야 할까요?
뱅글뱅글 돌려서 주둥이가 가리키는 곳에 쓰인 벌칙 혹은 상을 받는 놀이입니다.
규칙은 정하기 나름입니다.
아주 간단하게, 나온 숫자만큼 뽕망치로 때려도 좋고,
뽀뽀해 주기, 엉덩이로 이름 쓰기, 꽥꽥 오리걸음 한 바퀴 돌기 등등.
상과 벌을 적당히 섞어 놓아도 재미있습니다.

페트병 물고기를 만듭니다. 눈 스티커를 붙여 준 다음 물고기가 더 잘 돌아갈 수 있도록 뚜껑을 물고기 배 부분에 스카치테이프로 고정시킵니다.

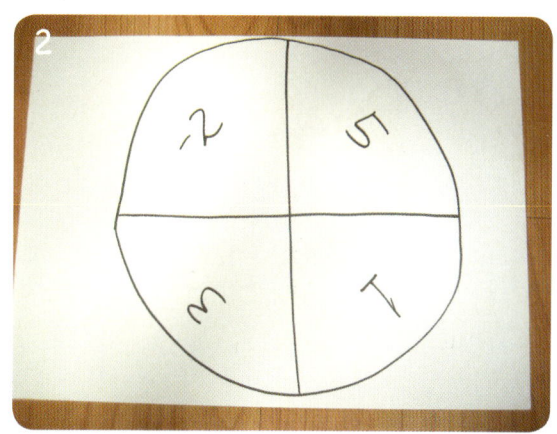

회전판을 만듭니다. 종이에 큰 원을 그린 다음 4등분 하고 '1, 3, 5, −2' 이런 식으로 적습니다. '3'이 나오면 상대방에게 뽕망치 세 대를 때릴 수 있지만 '−2'가 나오면 두 대를 맞아야 합니다. 놀이는 이런 반전이 있어야 재미있는 것 같습니다.

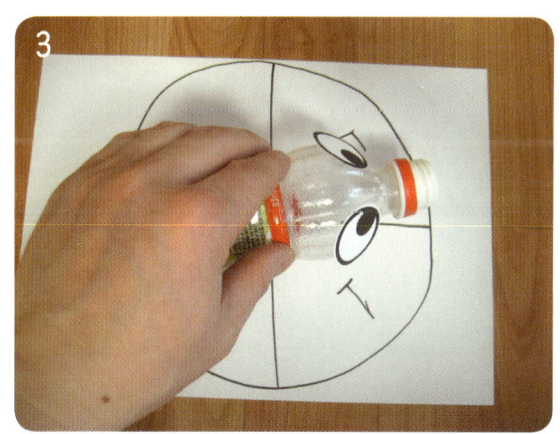

자, 페트병 물고기를 돌립니다.
아빠 "핑그르르~ 으악, 살려 줘~, 어지러워~."
역시 아빠의 음향 효과는 놀이의 재미를 2배, 3배로 키웁니다.
아빠 "앗싸, 3점! 뽕! 뽕! 뽕!"

아이 "어, 선에 걸쳐졌네?"
물고기의 입이 선에 걸쳐지면 더 작은 숫자를 읽는 것으로 규칙을 정합니다. −2를 읽었으니 아이가 아빠에게 뽕망치 2대를 맞게 되었네요. 다양한 규칙을 정해 놀이를 발전시켜 볼 수 있습니다.

6 아빠와 아이의 꿈이 함께 자라는 온 가족 놀이

즐거운 명절, 빼놓을 수 없는 민속놀이, 투호

6~10세

준비물
원통형 종이 포장 용기,
과일용 스펀지 완충재,
나무젓가락, 고무줄,
10원짜리 동전,
페트병 뚜껑, 유성매직,
눈 스티커

'투호'라는 전통놀이를 아세요?
옛날 궁중이나 양반집에서 항아리에 화살을 던져 넣던 놀이인데,
명절을 맞아 모인 가족과 함께 집 안에서 즐겨보기로 했습니다.
아이에게 전통문화도 알려 주고
가족끼리 화합도 다질 수 있으니 좋네요.
일만 하느라 바쁜 아빠에게 안성맞춤인 놀이입니다.

원통형 용기에 눈 스티커를 붙이고 웃는 입을 그립니다. '짝짝짝' 박수를 치는 손까지 그려 주니 아주 귀여운 투호용 항아리가 완성되었습니다.

원통형 용기 안에는 사진처럼 스펀지로 된 과일용 완충재를 넣습니다. 나무젓가락을 던져 넣었을 때 소리가 나지 않게 해 줍니다.

원통형 뚜껑도 이렇게 눈 스티커를 붙이고 입을 그려 주면 색다른 투호 놀이가 됩니다. 이것은 화살 대신 페트병 뚜껑을 던져 넣는 것으로 해야겠네요.

나무젓가락에 그림과 같이 고무줄로 동전을 감아 붙이면 무게감이 있어서 더 잘 들어갑니다. 투호 항아리에서 1미터 정도 떨어진 곳에서 나무젓가락을 던져서 넣어 보세요. 간단하지만 누구나 즐길 수 있는 온 가족 놀이입니다.

7 아빠와 아이의 꿈이 함께 자라는 온 가족 놀이

와구와구 맛있어, 먹보 그물 인형

3~5세

준비물
스펀지 그물망
과일 완충재, 눈 스티커

"와구와구, 무엇이든 먹어 버리겠어!"
과일 완충재로 만든 '먹보 그물 인형'입니다.
예상했던 것보다 인형의 표정이 정말 다양하고 재질도 부드러워서
아이 장난감 소재로 안성맞춤입니다.
아빠가 만든 인형은 언제든 반기는 아이.
티 없이 밝은 표정으로 쑥쑥 잘 크는 아이가 참으로 고맙네요.

놀이를 동영상으로 즐기세요

아이 "물둥아, 아빠가 또 어떤 인형을 만드실지 잘 지켜봐~."
아이는 이제 너무 잘 알고 있습니다. 과일을 싸고 있는 저 재활용품이 쓰레기통으로 직행할 리가 없다는 것을요.

고객의 기대에 부응해 아빠는 또 열심히 머리를 짜 냅니다. 스펀지 그물망을 이렇게 밖으로 뒤집어 접고 손을 넣을 수 있게 한 다음 눈 스티커를 붙이면 완성입니다.

인형을 손에 끼고 재미있게 놀아 보세요.
아빠 "안녕! 나는 무엇이든 잘 먹는 먹보 그물 인형이야. 만나서 반가워!"
아이 "너, 정말 뭐든지 먹어치울 수 있는 거야?"
아빠 "그럼, 뭐든지 줘 봐. 난 항상 배가 고파."

아이가 먹보 그물 인형에 얼른 자기 손을 끼워 보네요.
아이 "너, 이 주먹밥도 먹을 수 있어?"
아빠 "그럼, 그럼. 난 신축성이 좋아서 무엇이든 잘 먹는 먹보 인형이잖아."
아이가 먹보 인형 놀이에 푹 빠졌습니다.

8 아빠와 아이의 꿈이 함께 자라는 온 가족 놀이

요리조리 톡톡톡, 나무젓가락 박스 하키

6~8세

놀이를 동영상으로 즐기세요

준비물
상자, 유성매직,
나무젓가락, 탁구공, 칼,
투명 박스테이프

이웃 블로거의 아이디어에서 착안해 만든 박스 하키 게임입니다.
나무젓가락을 넣어 탁구공을 톡톡톡 쳐내야 하는데 생각만큼 쉽지 않습니다.
섬세한 손가락 조작력과 순발력이 필요합니다.
하지만 무엇보다도 아이와 아빠 모두 즐거운 놀이입니다.
하키 게임인데 공이 펜스를 넘어 홈런을 내 버리니
아이 웃음보가 터져 그칠 줄 모릅니다. 덕분에 아빠도 한참 웃었습니다.

작은 과일 상자입니다. 공기가 통하도록 구멍이 뚫려 있는데 이것을 보는 순간 얼마 전 이웃 블로거가 만든 박스 하키가 생각났습니다.
'좋아, 박스 하키를 만들어 보자.' (주먹 불끈)

상자를 잘라 골대 구멍을 만들까 하다가 혹시나 하고 박스 끝을 열어 보았습니다. 오, 생각보다 괜찮네요. 뒷부분은 그대로 살려두면 공을 주우러 멀리 가지 않아도 되어서 편리하겠네요. 우선 유성매직으로 아빠 골키퍼를 그리고……,

그다음 반대쪽에 아이 골키퍼를 그립니다. 아래쪽에 공이 통과할 수 있게 네모난 구멍을 내 골대를 만듭니다.

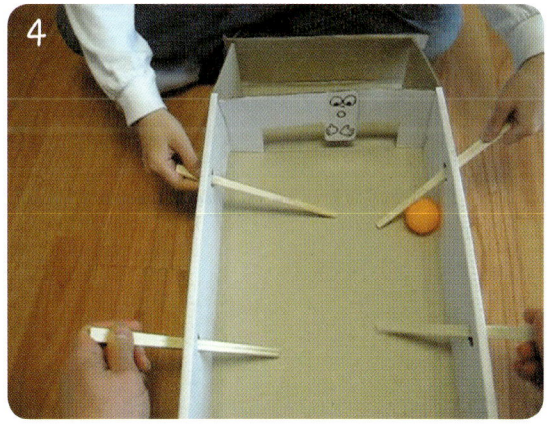

구멍에 나무젓가락을 하나씩 넣고 하키를 시작합니다. 탁구공이 가벼워서 그런지 나무젓가락을 맞으면 공중으로 튀어오르네요.
덕분에 놀이는 하키인지 야구인지 모를 아주 독특한 형태가 되었습니다. 이처럼 예상을 뒤엎는 반전이 재활용품 놀이의 매력입니다.

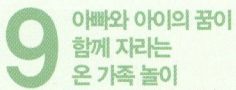

9 아빠와 아이의 꿈이 함께 자라는 온 가족 놀이

세뱃돈 많이 주세요, 아빠 마음을 흔드는 저금통 인형

6~10세

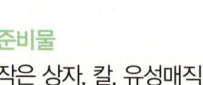

준비물
작은 상자, 칼, 유성매직

'세뱃돈을 많이 받을 수 있는 방법이 없을까?'
설날이 되면 아이들 머릿속에는 온통 이 생각뿐입니다.
아이들의 이런 고민을 싹 해결해 줄 수 있는 저금통 인형입니다.
무엇보다도 이 인형은 애처로운 눈빛이 주무기예요.
아이의 미소에 세뱃돈 인형의 눈빛 공세가 더해지니,
아빠의 주머니가 허전해지는 것은 시간 문제입니다.

202

다 쓴 화장품 상자에 유성매직으로 인형의 눈과 입을 그립니다. '세뱃돈 많이 주세요.' 하는 표정이지요? 눈 스티커를 사용해도 좋습니다.

세뱃돈을 받으려면 손이 있어야겠죠? 옆면에 작은 손을 그리고 칼로 손가락 부분만 오립니다. 아이의 손과 합쳐져 총 네 개의 손이 세뱃돈을 요구하는군요.

아이 "아빠, 새해 복 많이 받으세요! 그리고 잊지 않으셨죠? 헤헤."
후딱 세배를 끝낸 아이의 얼굴에 기대가 가득합니다.

아빠 "옛다! 너도 새해 복 많이 받고 건강하고 착한 어린이가 되거라."
아이 "얏호! 성공이다! 감사합니다!"
세뱃돈 인형이 어른들이 주신 세뱃돈으로 묵직해졌습니다.

10 아빠와 아이의 꿈이 함께 자라는 온 가족 놀이

집에서 간단히 만드는 보드 게임, 휴지심 물고기 잡기

7~10세

준비물
휴지심 2개, 눈 스티커, 달력 종이, 유성매직, 주사위, 뽕망치

앞서거니 뒤서거니 사이좋게 놀다가도
상대방을 잡으면 사정없이 뽕망치가 날아오는 스릴 만점 놀이,
'휴지심 물고기 잡기'를 소개합니다.
입을 빼꼼 벌리고 있는 듯한 물고기도 귀엽지만
온 가족이 참여해 즐길 수 있는 보드 게임도 됩니다.
아이와 머리를 맞대 다양한 규칙을 만들면 놀이는 더욱 재미있어집니다.

놀이를 동영상으로 즐기세요

1	2

휴지심 뒷부분을 사진과 같이 접습니다. 아빠 "휴지심에서 두 다리가 쑤욱~! 너, 개구리냐?"	휴지심에 눈 스티커를 붙여 줍니다. 아빠 "아함, 잘 잤다! 이제 눈 좀 떠볼까? 우린 개구리가 아니야! 우린, 물고기라고~ 물고기!"

3	4
	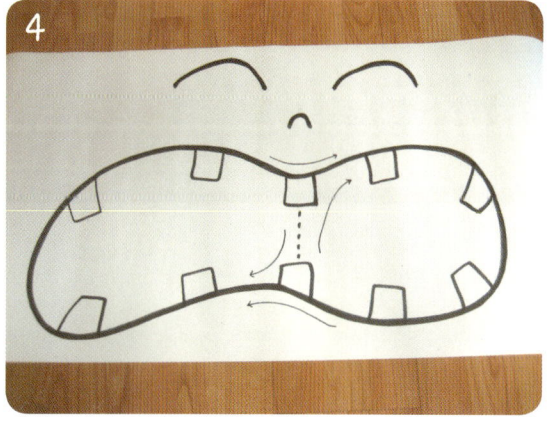
같은 방법으로 휴지심 물고기를 한 마리 더 만듭니다. 속눈썹만 다르게 그려도 전혀 다른 느낌입니다.	큰 달력 종이에 사진과 같이 그림을 그립니다. 일명 달력 놀이터! 입을 크게 벌리고 웃는 아이의 얼굴과 듬성듬성 난 이빨 10개를 그려 줍니다. 그다음 말이 움직일 방향을 화살표로 표시합니다.

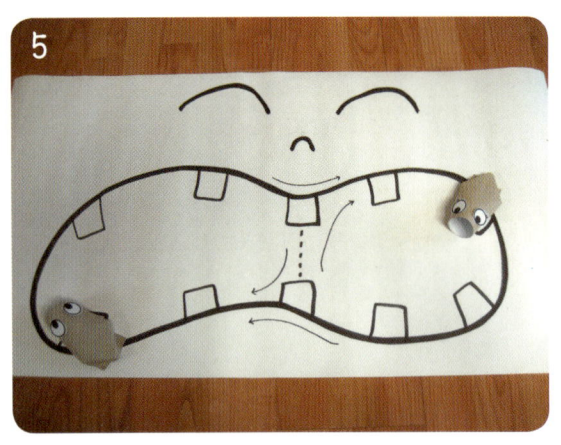 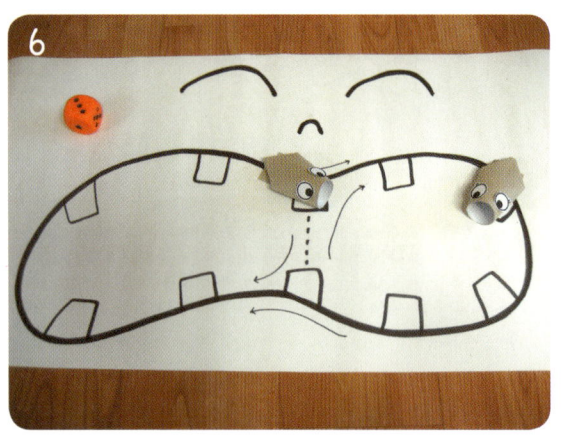

달력 그림이 완성되면 서로 반대편에 자리를 잡습니다. 이후 주사위를 던져 나온 수만큼 이동합니다. 점선과 연결된 칸에 멈추면 화살표의 두 방향 중 한 방향을 결정하면 됩니다.

아빠 "앗, 3이 나왔다. 하나, 둘, 셋!"
아빠 물고기가 3칸 이동합니다.
아이 "이번엔 내 차례!"

아이 "와, 4가 나왔네. 하나, 둘, 셋, 넷!"
이렇게 아빠와 아이가 번갈아 가며 서로 쫓고 쫓기는 추격전을 벌입니다.

아빠 "으악, 잡혔다! 이럴 수가……."
아이 "뽕망치로 맞으세요, 뽕뽕뽕뽕!"
아빠 "아이구, 물고기 살려!"
역전에 역전을 거듭하는 진짜 재미있는 물고기 놀이, 아이와 함께 해 보세요!

일만 하는 아빠의 행복한 일상

어린 시절로 돌아가는 마법의 가방

내일은 개학일.
3년 전 처음 초등학교에 입학할 때에는
가방만 보이고 너는 안 보일 정도로 가방이 컸는데
이제는 이렇게 작은 가방이 되었네.
딱지가 가득했던 네 가방이
이제는 참고서로 꽉 차겠구나.

고학년이 되면 아빠랑 안 논다는데
넌 아빠와 계속 놀아 줄 거지?
네가 어렸을 때 일만 하느라 못 놀아 준 게 너무 후회되는구나…….
어깨에 메면 어린 시절로 뿅 하고 돌아가는
그런 마법의 가방이 있었으면 좋겠다.

비누가 어느새 작아지듯이
아이의 유년 시절도 어느덧 시티깁니다.
아빠의 존재감이 사라지기 전에
아이의 유년기
매일 노크하세요.

6장

재미있어서
자꾸 해요,
생활습관
개선 놀이

아빠 육아, 아빠가 가장 잘할 수 있는 일부터 시작하세요

작은 결심이 곧 아빠 육아의 시작입니다

내가 아이와 재미있게 노는 모습을 본 사람들 중에는 "우리 아빠도 제가 어릴 때 그렇게 놀아 주셨다면 좋았을 거예요." 하고 푸념하는 분이 있습니다. 그러면 나는 이렇게 대답합니다.

"사실 우리 아버지도 늘 일만 하셨어요. 저도 아버지와 논 기억이 별로 없어요."

그러면 그들은 다시 이렇게 말합니다.

"저도 아이와 잘 놀아 주는 멋진 아빠가 되고 싶어요!"

그럼 나는 다시 이렇게 대답합니다.

"저보다 훨씬 더 멋진 아빠가 되실 거예요! 전 마흔이 넘어서야 그런 결심을 했거든요."

이처럼 아빠 육아는 결심하는 것에서부터 시작됩니다.

가장 잘할 수 있는 한 가지에 집중해 보세요

스스로 아빠로서 내게 점수를 매긴다면 100점 만점에 10점 정도에 불과한 것 같습니다. 아이를 위한 재활용품 놀잇감을 만들기 시작하기 전이나 지금이나 나는 여전히 일중독에 집안일도 못 도와주는 아빠이기 때문입니다. 육아에서 나보다 훌륭하고 더 열심히 노력하는 아빠들이 많습니다. 그 분들에 비하면 나는 그저 아빠 육아 첫걸음을 뗀 정도에 불과합니다.

아빠가 가장 잘할 수 있는 한 가지를 찾아보세요.

하지만 이런 내 모습에 아이도 아내도 나도 만족합니다. 그 이유는 내가 좋아하고 잘할 수 있는 방법으로 아이와 소통하는 길을 찾았기 때문입니다. 내가 잘할 수 있는 일이 매개가 되어 아이와 시간을 같이 보낼 수 있으니 매 순간이 즐겁습니다. 내가 즐거우니 아이도 아내도 즐겁습니다.

나처럼 늘 바쁘고 육아에 어려움을 느끼는 아빠가 있다면 일단 목표를 낮게 잡고, 가장 잘할 수 있는 한 가지에 최선을 다해 보라고 말씀드리고 싶습니다. 그 방법이 꼭 재활용품 놀이일 필요는 없습니다. 책읽기, 산책, 나들이, 스포츠 무엇이든 상관없습니다. 중요한 것은 나한테 맞는 그것이 무엇인지 찾는 것입니다.

아이의 눈높이에 맞춘 재생산

하지만 아빠가 좋아하는 것만 하면 아이와 소통이 되지 않습니다. 내가 좋아하는 것을 하되 아이 눈높이에 맞춰 재생산해야 하는 과정이 반드시 필요합니다. 이때 아이 눈높이에 맞춘다는 것은 아이가 무엇을 원하는지 고민해 보는 일입니다.

'이 놀이를 아이가 어떻게 받아들일까?'

'어떻게 하면 아이가 재미있어 할까?'

물론 아이의 재미에만 너무 집중하다 보면 가장 중요한 첫 번째 단계인 아빠 자신의 즐거움을 잊을 수 있습니다. 그러니 내가 좋아하는 것을 찾는 것이 1순위이고

내가 좋아하는 것을 아이의 눈높이에 맞게 재생산합니다.

그다음, 아이에게 접근하는 방법을 찾아야 합니다. 그래야 아이와 함께 노는 것이 꾸준히 즐길 수 있는 일상이 됩니다.

겁내지 말고 도전하면 이미 성공!

'소질도 없고 배운 적도 없는데, 과연 내가 만들 수 있을까?' 하는 걱정은 뒤로 미루고 무엇이든 도전하면 이미 절반은 성공입니다. 나 역시 아이가 다른 근사하고 훌륭한 장난감보다 내가 만들어 준 놀잇감을 더 좋아할지 의문이었습니다. 그러던 중 어느 날 아이 할아버지께서 멋진 로봇 장난감을 선물해 주셨기에 이렇게 말했습니다.

"너 이제 당분간 재활용품 놀잇감 필요 없겠네."

그러자 아이가 눈을 동그랗게 뜨며 고개를 절레절레 흔들었습니다.

"안 돼요! 로봇은 아빠 없이 혼자 있을 때 노는 장난감이고, 아빠랑 놀려면 아빠가 만든 장난감이 꼭 필요해요. 그러니 계속 만들어 주세요."

또 어느 날은 할머니께서 야구 놀이판을 가져오셨습니다. 그날 저녁 아이와 그 장난감을 가지고 재미있게 놀았습니다. 그러고는 속으로 잘됐다 생각하며 며칠 동안 아무것도 만들어 주지 않았지요. 그런데 아이가 슬그머니 다가와 이렇게 묻습니다.

"아빠, 뭐 새로운 거 안 만드셨어요?"

그래서 이렇게 말했습니다.

"저 야구 놀이판 있으니까 그걸로 함께 놀면 되지 않겠니?"

그러자 아이는 이렇게 말했습니다.

"어떻게 지겹게 같은 놀이만 계속해요?"

이처럼 아이는 아빠가 만들어 준 새로운 놀이에 목말라했습니다.

아이들은 아빠가 자신을 위해 직접 만든 것을 세상 그 어떤 장난감보다 좋아합니다. 게다가 아빠가 만든 장난감은 세상에 하나밖에 없는, 자신만을 위한 맞춤 놀이 용품이잖아요? 조금 못나고 별 재미도 없어 실패한 것 같아 보여도 아이에게는 마냥 신기합니다. 그러니 겁내지 말고 일단 시도해 보세요. 아빠의 용기와 노력에 아이는 밝고 환한 미소로 답할 것입니다.

세상 어느 장난감도 아빠가 직접 만든 것과 비교할 수 없습니다.

이보연 선생님
아빠 놀이
도움말

즐겁고 재미있는 놀이로
바른 생활습관을 배워요

아이의 상상력을 활용한 놀이교육

언어를 익히고 사고력이 좋아지는 2~6세는 특히 상상력이 발달하는 시기입니다. 그래서 이 시기 아이들은 동화책을 무척 좋아합니다. 또한 환상 속 이야기를 실제라고 믿기 때문에 산타 할아버지 선물을 받기 위해 울음을 참거나 이빨 요정이 집을 지을 수 있게 순순히 치과에 따라가기도 합니다.

그러므로 이 시기 아이들에게 생활습관과 예의범절을 가르칠 때에도 아이의 이런 특성을 잘 활용하면 매우 효과적입니다. 예를 들어 이 책의 저자처럼 화장실에 가는 것이 무서워 변을 참는 아이에게 변기에 그림을 그려서 붙여 주며 "똥 먹는 하마에게 먹이를 주며 잘 키워 봐." 한다거나 큰 곰인형을 갖다놓고 "이 인형이 네가 변기에 빠지지 않도록 지켜줄 거야." 하는 식의 이야기가 매우 잘 통합니다. 하지만 변을 참으면 변비가 생긴다는 식으로 지나치게 사실적인 설명을 하면 이해도 잘 못하고 별로 좋아하지도 않습니다.

기분 좋게 아이의 생활습관을 개선해요

아이들은 놀이를 하고 나면 기분이 좋아집니다. 기분 좋아지면 말을 잘 듣게 되지요. 하루에 10분, 15분 즐겁게 놀면 40분, 1시간 말을 잘 들어요. 그러니 이를 잘 활용해 아이의 생활습관을 바로잡을 수 있습니다.

예를 들어 편식하던 아이라도 재미있게 놀고 난 후에는 기분이 좋아져서 평소에 잘 먹지 않던 반찬도 이때는 잘 먹습니다. 게다가 아이들에게는 자신을 기쁘게 해 준 사람에게 뭔가 보답을 하고 싶은 심리가 있습니다. 또 부모가 칭찬을 하면 아이는 칭찬받는 맛이 좋으니 또다시 좋은 행동을 반복합니다. 이렇게 좋은 연결 고리가 계속되면서 놀이를 통해 아이에게 좋은 생활습관을 심어 줄 수 있습니다.

놀이로 부정적인 감정을 해소해요

아직 감정 조절에 서툰 아이들은 화가 나거나 감정이 고조될 때 누군가를 막 때리고 발로 차는 식의 과격한 행동을 하는 경우가 있습니다. 이때 권투 게임이나 샌드백 치기 혹은 다트 던지기, 풍선 터뜨리기 등의 놀이를 통해 분노를 표출하거나 효과적으로 해소할 수 있습니다. 또 다른 예로 아이가 엄마나 아빠, 동생처럼 가족 중에 한 사람이 너무 미워 속상해할 때 엄마 인형, 동생 인형을 가져다 주고 그 인형을 때리라고 하면 아이의 죄책감을 덜어 줄 수도 있습니다.

이처럼 놀이는 아이의 상상력을 이용하기 때문에 부작용이 없고 아이에게 교육을 하기에도 적합할 뿐만 아니라 심지어 치료 효과까지 있다는 것이 전문가들의 의견입니다.

1 재미있어서 자꾸 해요, 생활습관 개선 놀이

거북이 물장구 손 씻기 놀이

3~8세

준비물
작은 스티로폼 용기, 유성매직

오늘은 아이와 자장면을 시켜서 먹었습니다.
맛있는 식사였지만 손과 입에 자장면이 가득 묻었네요.
자, 이제 거북이랑 같이 놀 시간!
단무지를 담았던 스티로폼 용기를 이용해
손 씻기를 싫어하는 개구쟁이도
깨끗한 어린이로 만드는 비법을 공개하겠습니다.

흔히 볼 수 있는 단무지용 스티로폼 용기를 뒤집어 유성매직으로 거북이 한 마리를 그려 줍니다. 좀 넓은 칸에는 거북이 등껍데기와 발을, 작은 칸에는 눈과 입을 그려 주세요.

Tip 사진처럼 거북이 눈동자를 그리면 세면대에서 손 씻는 아이를 지켜보는 것 같아 재미있습니다.

자, 거북이 한 마리가 완성되었으니 세면대로 가 볼까요?

아빠 "와, 시원하다! 난 네가 손 씻을 때마다 정말 기분이 좋아!"

거북이의 칭찬을 받고 신이 난 아이가 손을 더욱 열심히 씻네요.

반대면에는 거북이의 배를 그려 주었습니다. 아이가 손을 잘 씻으니 거북이가 배꼽을 잡고 깔깔깔 웃는 것 같아요.

사실 이 놀이는 엄마를 위해 만들었습니다.
밖에서 놀던 아이는 후다닥 뛰어 들어와서는
잘 씻으려 하지 않아
"옷 벗고 손 씻어라……." 하고
다섯 번, 열 번 말해야 했거든요.
그런 아이가 거북이 친구가 생긴 이후로는
완전히 달라졌습니다.

2 재미있어서 자꾸 해요, 생활습관 개선 놀이

밥을 잘 먹지 않는 아이를 위한 맛있어 상자 인형

3~6세

준비물
종이 상자, 유성매직

우리 아이는 밥을 잘 안 먹습니다. 밥 한 공기 먹는 데 1시간도 걸리고 천천히 먹는 데다 아예 먹는 데 관심이 별로 없습니다.
식사할 때 아이가 첫 숟가락을 들면 "그만 먹을래요."라는 말이 아이 입에서 나올까 봐 엄마는 노심초사입니다.
이제 엄마는 지쳐서 잔소리할 기운도 없다네요.
그래서 만들었습니다. '맛있어 상자 인형'!

놀이를 동영상으로 즐기세요

아이 손에 쥐어질 정도의 상자를 이용합니다. 뚜껑이 분리되어 있는 것이 좋습니다.

Tip 상자 표면에 무늬나 글씨가 많지 않은 상자를 고르면 좋습니다.

상자를 뒤집은 후 유성매직으로 눈을 그리거나 눈 스티커를 붙여 주면 완성! 머리숱이 까만 '맛있어 상자 인형'입니다.

아빠 "아, 맛있는 냄새. 우리 한입 먹어 볼까? 입 크게 벌리고 앙!"

맛있어 상자 인형이 주사위, 지우개, 탁구공 같은 것을 먹는 모습을 보여 주며, 아이에게 식사를 유도해 보았습니다.

지금까지 다양한 놀이로
아이의 식사를 유도해 보았지만
이 놀이보다 더 효과가 좋은 방법이
있었으니, 그것은 다름 아닌 '야구'였습니다.
야구를 시작한 지 3주째 되는 날,
밥 한 공기를 후딱 해치운 아이가
"밥 한 그릇 더 주세요!"라고 외치는
기적이 일어났습니다.
순간 우리 부부는 얼음이 되었지요.
아이가 밥을 먹지 않아 고민이라면
아이가 좋아하는 운동을 하게 해보는 것도 좋습니다.

3 재미있어서 자꾸 해요, 생활습관 개선 놀이

부엌 찬장을 지키는 트랜스포머 과자 괴물

4~7세

준비물
과자 상자, 유성매직, 칼, 가위, 풀, 스카치테이프

우리 집 부엌에는 과자 찬장을 지키는 트랜스포머 과자 괴물이 살고 있습니다.
평소에는 맛있는 초콜릿 과자이지만
하루에 한 개 이상 먹으려고 하면 괴물로 변신하는 트랜스포머 인형이에요.
네, 고백합니다. 사실 아이는 핑계예요.
늦은 밤 자꾸 과자에 손을 대는 아빠에게 더 필요한 인형이거든요.
그럼, 초콜릿 과자 상자가 괴물로 변신하는 과정을 소개하겠습니다.

일단 과자 괴물의 눈을 만들어 보겠습니다. 여분의 종이를 삼각형 모양으로 잘라 낸 후 풀로 붙입니다. 이때 유성매직으로 눈 가장자리를 칠해 주면 좋습니다. 과자 먹는 나쁜 손을 '앙!' 하고 물 뾰족한 이빨도 유성매직으로 그려 넣습니다.

다리와 꼬리도 그립니다. 이후 칼로 머리 부분을 잘라 낸 다음 접어 주면 과자 괴물이 입체감을 갖게 됩니다.

배경 부분을 위의 사진처럼 접습니다. 경고 문구가 있으면 좋겠네요.

아빠 "크르르…… 먹지 마! 앙~!"

조심해야겠습니다. 과자 괴물이 사나워 보여요.

과자 괴물을 부엌 찬장에 붙였습니다. 어미 과자 괴물 옆으로 작은 새끼 괴물도 보이네요.

아빠 "이 과자 괴물은 과자를 많이 먹는 사람을 '앙' 하고 물어 버린대."

아이 "그럼, 아빠가 제일 조심하셔야 할걸요?"

역시 아이 앞에서는 거짓말이 안 통합니다.

4 재미있어서 자꾸 해요, 생활습관 개선 놀이

아빠도 함께하는 엄마 말 잘 듣기 게임

6~10세

준비물
코르크 메모판, 핀, 종이, 유성매직

말을 잘 듣지 않는 청개구리 아이 때문에 힘들어하는 엄마를 위해 만들었습니다.
공정한 게임을 위해 얼떨결에 아빠도 참여했는데,
아빠와 아이가 공통으로 지켜야 할 것을 규칙으로 정하는 과정에서
아이가 아빠에게 요구하는 것이 무엇인지 확실하게 알 수 있었습니다.
좋든 싫든 게임은 시작되었고, 아빠도 규칙을 지켜야 하니
조금 후회가 되기도 합니다.

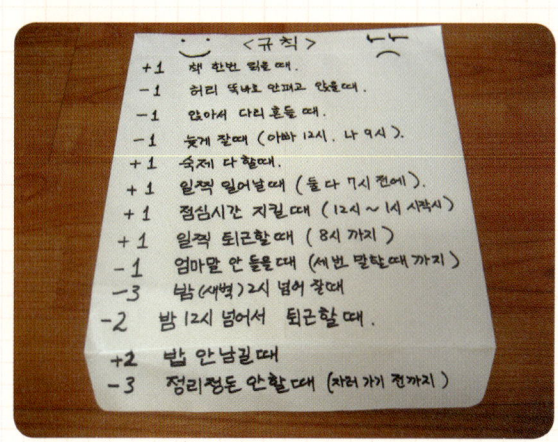

뭐, 다른 설명이 필요 없겠지요?
엄마까지 참여한 길고 긴 3자 협상을 거쳐
만장일치로 합의된 것만 일단 적어 놓았습니다.
아침에 일어나면 그날의 게임이 시작되고 저녁에 자러 갈 때 끝납니다.
그날의 우승자는 엄마의 뽀뽀와 안아 주기 포상을 받습니다.
-2점짜리 '밤 12시 넘어서 퇴근할 때' 조항은 아이가 강력하게 주장해서 넣었습니다.
아빠도 나름대로 밥 빨리 먹기 규칙을 상정하려 했으나
아이의 강력한 반발로 무산되었습니다.

잔머리와 협상의 대가인 내 아이는 성발 못 말립니다.
1번 규칙은 원래 '책 한 권 읽을 때'였습니다.
그런데 별 생각 없이 아이가 불러 주는 대로 '책 한 번 읽을 때'라고 쓰고 보니
그제야 '아차차……, 이건 아니지. 그럼 한 페이지만 읽어도 +1점이잖아.' 하는 생각이 들더라고요.
아이의 잔머리는 아빠가 도저히 당해 낼 재간이 없습니다.

아이가 단시간에 고치기 힘든 버릇, 너무 부담스러워하는 것들은 규칙으로 만들지 않고
본인이 시도해 보겠다는 정도의 규칙 위주로 넣어 보는 것이 좋습니다.
강제로 시키면 절대 바뀌지 않습니다.
아이 스스로 한번 지켜보겠다는 의지를 갖도록 재미와 동기를 유발하는 것이 좋습니다.
좀 못하고 실패해도 웃고 즐길 수 있는 놀이로 만들어 보시기 바랍니다.

5 재미있어서 자꾸 해요,
생활습관 개선 놀이

비밀의 자동차 나라 정리정돈 놀이

6~10세

준비물
각종 장난감, 옷장 혹은 수납장, 종이 상자, 유성매직

어려서부터 유독 자동차를 좋아하는 아이는 여기저기서 모은 자동차가 80여 대에 이릅니다.
하지만 도통 정리를 하지 않아 퇴근만 하면 자동차가 발에 밟혔습니다.
결국 특단의 조처를 내렸습니다.
"미션! 아무도 모르는 비밀의 자동차 나라를 만들어라!
적들은 절대로 알 수 없는 철통 보안의 마법의 성이어야 한다!"
이제 그 미션이 어떻게 수행되었는지 한번 살펴볼까요?

문을 닫으면 깔끔하게 보이는 옷장의 한 공간을 미션 장소로 골랐습니다.

아이는 옷장 속에 자동차 비밀 왕국을 만들기로 했습니다. 공간이 넓기는 하지만 칸막이가 없어 효율적인 수납이 힘든 곳입니다. 박스를 이용해 층과 칸막이를 만들고 유성매직으로 '자동차 나라'라고 썼습니다.

힘들게 정리했으면 그 뿌듯함을 마음껏 누려야 또 정리하고 싶은 마음이 듭니다.
아빠 "자동차, 모두 각자 위치로!"
아이 "출동 준비!"
아이가 자랑스럽게 정리장 문을 열어젖히네요. 정말 언제든 출동할 수 있게 질서정연합니다.

아빠 "다시 보안 유지!"
아이 "미션 완료!"
정리장 문이 닫히니 그 많던 자동차가 어디로 갔는지 흔적조차 없네요.
물론 그 이후에도 퇴근 후 가끔씩 자동차가 밟혔지만, 그래도 이젠 자기 전에 매일 정리하는 아이가 되었답니다.

6 재미있어서 자꾸 해요, 생활습관 개선 놀이

이제 안전하게 사용할 수 있어요! 종이컵 정수기 도우미

5~10세

준비물
종이컵, 유성매직

정수기를 사용하다 보니 아이가 언제 뜨거운 물에 데일지 몰라 조금 불안했습니다.
그래서 평소에는 온수를 작동시키지 않고,
차를 마시거나 급하게 음식을 해야 할 때만 사용했습니다.
그래도 깜빡 하고 원상 복구를 안 해 놓으면
"앗 뜨거워!" 하고 놀라는 경우가 종종 있었습니다.
그래서 아이는 물론 가족 모두의 안전을 담당해 줄 정수기 도우미를 만들었습니다.

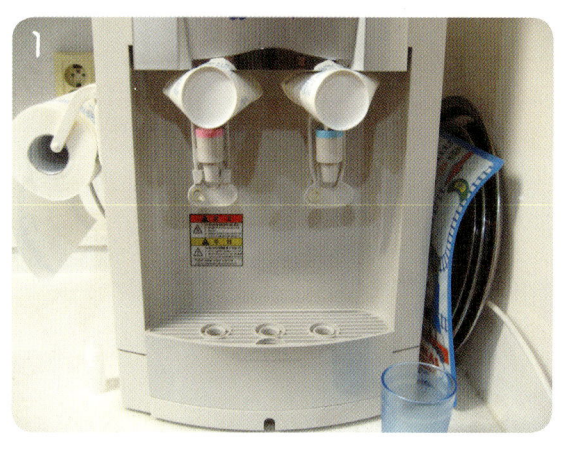

정수기 코크 위에 종이컵을 끼워 넣습니다.
Tip 이 종이컵 도우미는 뜨거운 물을 조심하라는 알림판 역할을 할 뿐, 실제로 물이 나오지 않게 하는 기능은 없습니다.

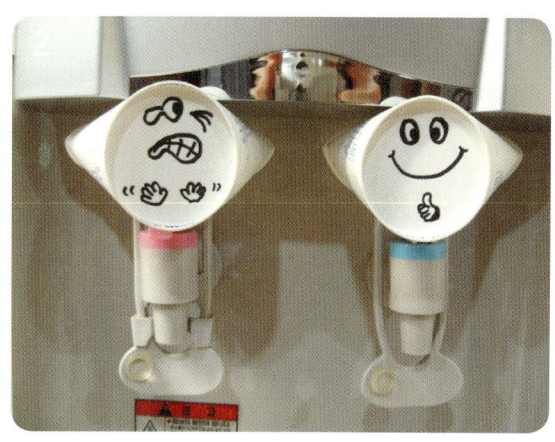

종이컵 뒷면에 사진과 같이 정수기 도우미를 그려 넣습니다. 때로는 '주의', '조심'이라는 말보다 그림이 더 효과적입니다. '×', 'O' 표시를 해 주어도 좋습니다.

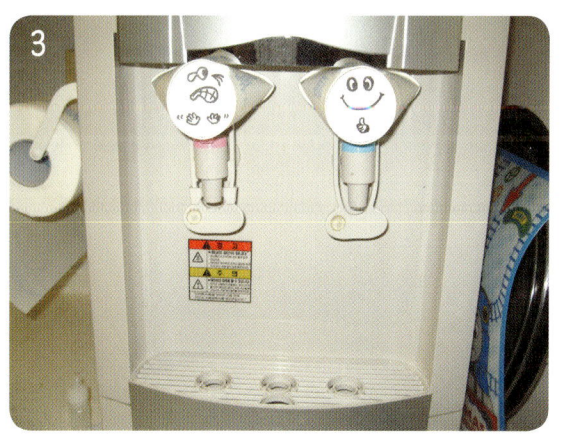

물을 마실 때마다 도우미가 조금씩 움직입니다. 마치 "안녕, 안녕~." 혹은 "조심, 조심!" 하고 살아 움직이는 것 같습니다. 아이가 그것을 보고 더 재미있어 하더군요.

아이가 감기에 걸려 콜록콜록 기침을 합니다. 당분간 찬물은 좋지 않을 테니 차지 않은 (실온의) 물을 마시게 하고 싶다면 온수 전원을 끈 상태에서 도우미를 교대 근무하게 합니다. 작은 아이디어 하나로 정수기 사용이 더욱 안전해집니다.

7 재미있어서 자꾸 해요, 생활습관 개선 놀이

귀여운 외모로 눈길을 끄는 집중력 향상 우유 시계

5~10세

준비물
손잡이 달린 플라스틱 우유통 2개, 칼, 유성매직, 전기 테이프

무엇을 하든 진득하게 앉아서 열심히 해 주었으면 하는 것이
아빠의 바람인데, 아무래도 아이는 그게 영 쉽지 않은가 봅니다.
책을 조금 들여다보는가 싶다가도
금세 주변 사물로 시선이 옮겨가는 못 말리는 개구쟁이…….
자기가 좋아하는 놀이나 게임이 아니고서는 늘 옆길로 빠지는 아이를 보며,
아이의 집중력을 높여 주는 놀이를 개발하게 되었습니다.

우유통 뚜껑 2개에 각각 칼로 작은 구멍을 뚫어 줍니다. 뚜껑 2개를 맞붙였을 때 물이 흐를 수 있도록 구멍 위치를 정중앙에 맞춰야 합니다.

Tip 물이 잘 안 떨어지면 공기가 올라가는 구멍을 하나 더 뚫어 주면 좋습니다.

뚜껑 2개를 맞붙이고 검은 전기 테이프로 붙여 줍니다. 물이 새지 않도록 꽁꽁 싸 줍니다.

이제 유성매직으로 그림을 그려 보겠습니다. 사람 얼굴 같은데 누구일까요? 네, 아빠 얼굴이네요.

다른 한쪽은 무거운 책 때문에 낑낑거리는 아이의 얼굴을 그렸습니다. 안에 물을 넣고 뒤집으면 시간이 흐를수록 물이 점점 내려갑니다. 그만큼 아이의 숙제도 줄어드는 것을 형상화했습니다.

물 대신에 마른 모래를 한쪽에 꽉 채운 후 뒤집어 보는 방법도 있는데, 잘 되지는 않네요. 실패한 놀이라도 아이는 즐거워합니다.

8 재미있어서
자꾸 해요,
생활습관 개선 놀이

늦잠 자는 아이를 위한 두더지 놀이

5~10세

놀이를
동영상으로
즐기세요

준비물
뽕망치

아이에게 뽕망치를 준 후 아빠가 늦잠을 자면 깨우라고 했습니다.
피곤한 아침, 아빠는 조금 꾀를 부렸을 뿐인데 아이는 이때다 싶었는지 인정사정없네요.
"너, 그동안 아빠한테 쌓인 게 많았던 거냐?"
지렁이, 아니 두더지도 밟으면 꿈틀거리는 법인데 아빠라고 봐 줘야 하는 건 아니지요.
"야, 바꿔! 아빠도 맞기만 할 순 없다."
이렇게 이불 속 아기 두더지 놀이가 시작되었습니다.

이불 속에 아기 두더지가 숨어 있어요. 지금이 몇 시인데 아직까지…… . 안 되겠습니다. 아빠의 뿅망치 알람 출동입니다.

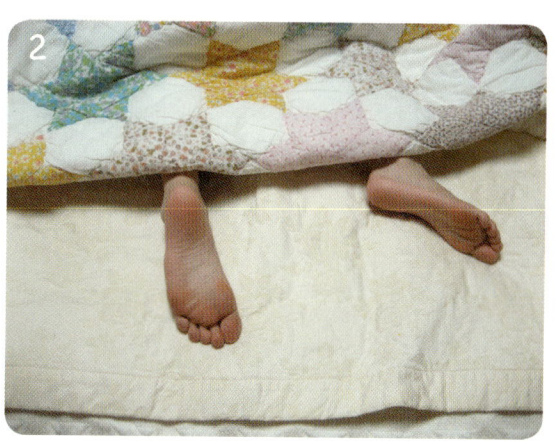

아빠 "너, 이렇게 게으름을 피우다니. 뿅망치의 맛을 보여 줘야겠다!"
아이는 아직 아무 반응도 없습니다.

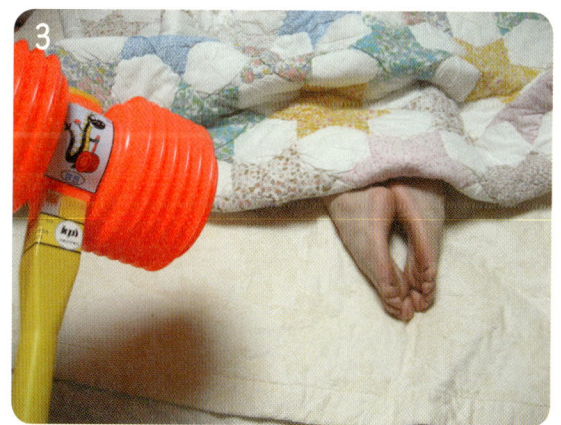

아빠 "요놈의 두더지, 어디 맛 좀 봐라! 뿅뿅뿅!"
아이 "아이, 조금만 더 자면 안 되나요?"
아이 두더지가 두 손이 아닌 두 발로 싹싹 비네요. 분명 잠이 깬 것 같은데 놀이가 지나치게 재미있어 이불 밖으로 나오지 않으려는 부작용이 있습니다.

아빠 "얼른 일어나서 씻고 밥 먹어야지! 뿅뿅뿅뿅뿅!"
아이 "으아악! 아기 두더지 살려!"
늦잠 자는 아이를 깨우려고 만든 놀이가 오히려 아이를 이불 속에 더 붙잡아 두고 있네요. 어쨌든 이 놀이 덕분에 신나는 웃음으로 유쾌하게 하루를 시작했습니다.

일만 하는 아빠의 행복한 일상

아빠의 꿈과 도전은 계속된다

'아이의 눈에 나는 어떤 모습일까?'
일만 하느라 잠시도 놀아 주지 않는 괴물, 아빠 몬스터.
하지만 큰 탈을 만들어 쓰고 재미있게 놀아 주기도 하는 친숙한 모습.
이 두 모습이 내 안에 모두 들어 있는 것 같습니다.
아빠를 좀 더 따뜻하고 친근하게 생각해 주었으면 하는 바람을 담아
아이를 위한 블록 장난감, 아빠 몬스터를 만들었습니다.
몸통이자 얼굴이기도 한 부분에 난 구멍은 크게 벌린 아빠의 '입'인데요,
아빠 몬스터는 이 큰 입으로 "일! 일! 일! 일을 해야 해." 하고 외치기도 하고
"앙, 잡으러 간다! 깔깔깔." 하고 장난을 치기도 합니다.

아이는 처음에 이것을 한 개씩 갖고 놀기 시작하더니
이후에는 여기저기 끼워 넣어 보며 좋아하더군요.
소재도 스티로폼에서 원목으로 바꾸어 주니
여느 나무 블록과는 달리 3차원으로 형태를 만들 수 있는,
아주 독특한 놀잇감이 되었습니다.
아이에게 보다 가까이 다가가려는
아빠의 꿈과 도전은 계속됩니다.

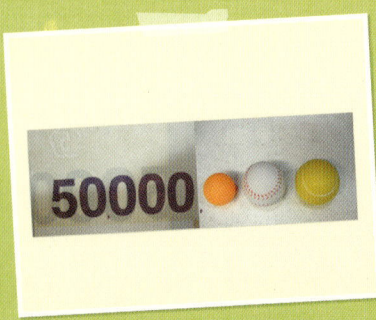

퇴근 전 공놀이,
퇴근 후 공놀이.
　공놀이의 가치를 아시나요?

7장

즐겁게 놀면서
창의력도 쑥쑥!
학습력 향상 놀이

아빠를 좋아하는 아이로 키우세요

아빠 얼굴만 봐도 울던 아이, 이제 달라졌어요

하루는 아이에게 블로그 시작할 때의 목표를 떠올리며 물었습니다.

"아빠가 이렇게 재활용품 놀잇감도 만들어 주고 만화도 그려 줬는데 '아빠'를 생각하면 '흥분, 즐거움, 기대, 재미'가 느껴지니?"

"아뇨."

"그럼 뭐가 느껴져?"

"웃겨요."

"그럼 재미가 느껴지는 거네?"

"아뇨. 그냥 웃겨요."

"……"

뭐, 어쨌든 괴물 아빠보다는 웃긴 아빠가 낫습니다.

또 어느 날은 이런 일이 있었습니다.

"누가 아빠에게 그러는데 아빠는 '40대라고는 믿을 수 없는 창의력'을 가졌대."

"맞아요. 제가 보기에도 아빠는, 창의력은 30대, 목소리는 20대, 얼굴은 10대예요."

"그럼, 뭐가 40대인데?"

"음……. 일하는 건 40대, 피곤한 몸은 50대예요."

나는 웃고 넘어갔지만 사실 얼굴이 10대라는 말에 조금 감격했습니다. 재활용품 놀잇감을 만들기 전에 아이는 지치고 굳은 내 얼굴을 보는 것만으로도 울음을 터트렸거든요. 일만 하는 무서운 괴물 아빠가 바로 나였습니다. 그랬던 아빠의 얼굴이 이제 10대 같다니, 그만큼 아빠가 친구처럼 가깝게 느껴진다는 뜻이 아닐까요? 그간의 노력이 헛되지 않았다는 생각에 그만 가슴이 뭉클해졌습니다.

놀이는 아이 마음에 다가가는 지름길

우리 아이는 사실 잠자러 갈 때 아빠에게 뽀뽀를 해 주곤 했습니다. 그런데 9살이 되고부터는 뽀뽀를 안 해 주더군요. 아이가 커서 그렇기도 하지만 내가 아이를 위해 그려 준 '아빠 몬스터' 만화 때문이기도 합니다. (뽀뽀할 때 아빠의 수염이 독침으로 발사된다는 내용의 만화를 그려 줬거든요.) 그 이후 아이는 자기 방문 앞에 '출입금지 (아빠만) 독침 때문에'라는 쪽지를 붙여 놓았습니다. 내가 뽀뽀하려고 다가가도 일부러 나를 피했습니다.

하루는 너무 속상해서 자러가는 아이에게 크게 소리쳤습니다.

"야! 컸다고 아빠한테 뽀뽀도 안 해 주냐? 뽀뽀 한 번에 1분씩 놀아 주마!"

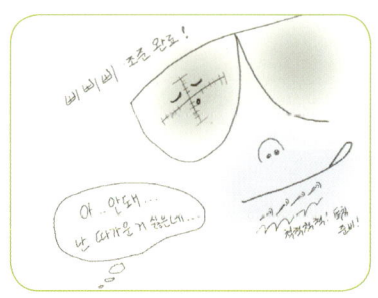

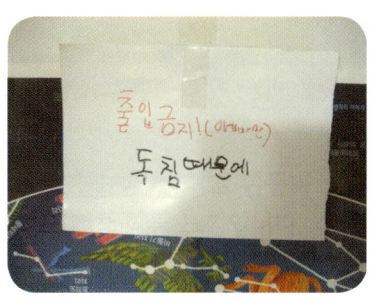

아이에게 그려 준 '아빠 몬스터' 만화(위) 때문에 아이 방문에 붙은 출입금지 쪽지(아래)

그랬더니 아이는 바로 다시 달려와 내 얼굴에 뽀뽀를 50번도 넘게 했습니다. 아무리 말려도 계속하기에 "뽀뽀를 아무리 많이 해도 10분 이상은 안 놀아 줘." 하고 상한선을 두었습니다. 그랬더니 겨우 멈췄습니다. 독침도 이기는 무서운 놀이 시간입니다.

아이와 감정 소통하는 즐거움

이처럼 아이와 놀면서 가장 좋은 점이라면 아이와 스킨십을 할 수 있게 된 것입니다. 억지로, 몸으로 하는 스킨십이 아니라 정신적인 스킨십 말입니다. 한번은 너무 바빠서 며칠 동안 아이와 놀아 주지 못했습니다. 미안한 마음에 엄마와 놀라고 했더니 아이는 같은 놀이를 해도 엄마와 하면 재미없다고 합니다. 그 얘기에 나는 기분이 한껏 좋아졌습니다.

'나도 엄마보다 잘하는 게 하나는 있구나!'

집에 들어가는 일이 정말 즐거워졌습니다. 아이와 그토록 하고 싶었던 감정 소통에 성공했다는 의미이기 때문입니다.

아내와 아이가 말하는 10분 놀이의 변화

한 라디오 프로그램 인터뷰에서 아내는 10분 놀이 후 나타난 남편의 변화가 무엇이냐는 질문에 이렇게 답했습니다.

"예나 지금이나 남편에게 달라진 점은 거의 없습니다. 휴일이 되어도 남편이 아이를 데리고 교외로 나가는 일은 거의 없어서 제가 대신 아이를 데리고 나갑니다. 아이의 학교 행사에도 언제나 저 혼자 참석하고요. 하지만 일 년에 몇 번 있지도 않는 그런 일 때문에 남편을 닦달하고 싶지는 않습니다.

아이도 아빠의 사정을 이해합니다. 그 이해의 중심에는 아빠가 자신을 얼마나 사랑하고 있으며 아빠가 얼마나 자신과 같이 시간을 보내고 싶어하는지를 안다는 것에 있습니다.

그것은 그동안 하루하루 10분에 불과한 시간이지만 아이와 온 마음을 다해 같이해 준 남편의 노력이 쌓여서 나타난 결과라고 생각합니다."

그리고 아이는 이렇게 말했습니다.

"일단 화가 많이 나지 않아요. 보통 때는 화를 버럭버럭 냈는데 요즘은 웃는 일이 더 많아졌어요. 하지만 저는 좀 더 놀고 싶어요."

아빠가 다가가는 만큼 아이와의 거리는 좁혀집니다.
아이와 감정 소통하는 즐거움을 누리세요.

이보연 선생님
아빠 놀이
도움말

놀이로 바탕 학습을 충분히 한 아이가 학습력도 좋아요

아이의 학습력은 조작력에서 출발

놀이를 잘하면 아이들이 똘똘해집니다. 놀이는 사물을 능숙하게 다루는 숙달감과 조작력을 높여 주고, 이것이 훗날 아이의 학습력에 없어서는 안 될 중요한 밑거름이 됩니다. 많은 부모들이 학습력 향상이라고 하면 문제를 잘 맞히거나 시험 성적을 잘 받아오는 것을 생각합니다. 하지만 그것은 초등학교 고학년에서부터 그보다 훨씬 뒤에 본격적으로 나타나는 부분입니다. 일단 3세에서 10세 사이에는 학습에 기초가 되는 바탕을 넓히고 탄탄하게 다져 두는 것이 중요합니다.

예를 들어 아이에게 산수를 가르친다고 '1, 2, 3, 4……', '2×1=2, 2×2=4……' 하고 무조건 숫자나 구구단을 외우게 하는 것은 큰 의미가 없습니다. 각각의 숫자가 무슨 의미인지를 알고 하나에 하나를 더해서 둘이 되는 것이 어떤 의미인지를 현실에서 직접 체험해 봐야 이후 학교에서 덧셈의 의미나 구구단의 원리를 배울 때 더욱 쉽게 이해합니다.

따라서 아이들이 주위 사물을 이리저리 만지고 제멋대로 노는 과정을 귀찮거나 쓸 데 없는 것으로 치부해서는 안 됩니다. 그 순간 아이는 소근육이나 미세 운동 협응력을 발전시키면서 학습 기초가 되는 부분을 다지고 있기 때문입니다.

놀이는 아이의 조작력 향상에 가장 좋은 방법

'뭘 가르치지?' 하고 고민하지 말고 지금 당장 아이와 주변 사물을 갖고 재미있는 놀이를 해보세요. 예를 들어 부엌 찬장에 있는 밀폐 용기를 종류대로 늘어놓고 뚜껑 열어보기 놀이도 매우 유익합니다. 돌려야 열리는 용기, 네 모서리에 달린 잠금장치를 '딱' 소리 나게 당겨야 열리는 용기, 고무처럼 탄력 있는 뚜껑을 잡아당기듯 들어올려야 열리는 용기 등등. 이처럼 용기에 따라 뚜껑을 여닫는 방법도 천차만별입니다. 사물을 직접 만지고 돌리고 던지고 당겨 보면서 아이는 비로소 훗날 수학이나 과학 시간에 보다 높은 단계의 추상화된 개념을 이해하고 학습하게 됩니다.

재활용품은 조작력 향상 놀이의 무궁무진한 소재

재활용품은 어차피 버려야 할 물건이니 망가지거나 부서질 염려 없이 맘껏 가지고 놀기에 좋은 소재입니다. 게다가 정교하고 깔끔하게 완성된 비싼 장난감과는 달리 아이의 상상력을 무궁무진하게 자극해 창의력 발달에도 좋습니다. 예를 들어 엄마 화장품 상자에 눈, 코, 입을 그려 인형을 만들어 놀게 하면 '아, 이렇게 얼굴이 만들어지기도 하는구나.' 하고, 지금껏 스케치북이나 평면에만 그림을 그리며 놀던 아이에게 새로운 자극이 됩니다. 또 그렇게 만든 인형에 다양한 이야기를 만들어 붙이고 또 놀이 규칙을 정하고 하는 것에서 아이의 언어 능력, 사회성도 함께 발달합니다. 그러니 아이를 똑똑하고 영리하게 키우는 데 있어 재활용품 놀잇감은 참 좋은 방법 중 하나입니다.

1 즐겁게 놀면서
창의력도 쑥쑥!
학습력 향상 놀이

달력으로 하는 재미있는
덧셈 뺄셈 암산 놀이

일만 하는
아빠의
보물창고

7~10세

준비물
탁상 달력, 칼, 유성매직,
눈 스티커, 스톱워치,
계산기

달력은 해가 지나도 참 유용합니다.
큰 벽걸이 달력은 그림을 그리거나 여러 가지 재활용품 놀잇감 소재로 활용할 수 있고,
탁상 달력은 아이가 어려워하는 덧셈, 뺄셈을 공부할 때
효과적인 학습 도구가 됩니다.
달력을 놓고 재미있는 놀이로
수학 공부를 함께 해보기로 해요.

작년 탁상 달력에 그림과 같이 칼로 구멍을 2개 뚫어 줍니다.

그런 다음 달력 맨 뒤쪽에 눈 스티커를 붙여 주세요.
Tip 이때 눈동자를 서로 바라보게 해 주면 놀이하기에 더욱 좋습니다.

이뻐와 이이가 서로에게 규칙을 제시하며 다양하게 암산 놀이를 만들어 볼 수 있습니다. 이때 왼쪽 아래에 있는 눈은 아빠, 오른쪽 위에 있는 눈은 아이입니다. 상대방의 눈을 기준으로 문제를 내면 이해하기 쉽습니다. 정답은 계산기로 확인해 보면 됩니다.

자, 이렇게 달력 암산 놀이 준비가 완료되었습니다.
Tip 각 월별로 재미있는 표정을 그려 넣으면 놀이가 더욱 새로워집니다.

Tip 달력을 이용한 암산 놀이

일과 월 더하기

아빠 "달력의 월에 해당하는 수와 눈 바로 윗줄에 있는 수를 더해 봐."

아이 "지금이 5월이니까, 5 더하기 1은 6! 5 더하기 2는 7! 5 더하기 3은 8! ……."

아빠 "응, 그래 잘하는구나."

아이 "이제 아빠 차례예요!"

아빠 "그래, 아빠도 해볼게. 2 더하기 14는 16, 2 더하기 15는 17, 2 더하기 16은 18, ……."

요일별(혹은 주별) 숫자 모두 더하기

아이 "이제 아빠는 요일별 숫자 모두 더하기 하세요. 수요일에 해당하는 수를 모두 더해 보세요."

아빠 "음……, 보자. 1 더하기 8은 9. 여기에 15를 더하면 24, 22를 더하면 46, 거기에 29를 더하면 75."

아이 "헉, 엄청나게 큰 수가 나왔네요."

아빠 "이제 네 차례야. 너는 첫째 주 숫자를 가로로 다 더해. 1에서 5까지. 자, 시~작!"

아이 "15요! 아빠 저 암산 빠르죠?"

아빠 "정말 그렇구나! 대단하구나."

Tip 아이가 맞힐 때마다 "이야!", "정답!", "대단해!", "딩동댕." 하고 아빠가 큰 소리로 외쳐 주면 더욱 좋습니다.

일에서 월 빼기

아빠 "이번엔 번갈아 가며 문제를 내보자.

아이 "좋아요. 제가 가리키는 날짜에서 월을 빼세요. 13!"

아빠 "13 빼기 5는 8. 이제 아빠 차례다. 20!"

아이 "20 빼기 5는 15."

아빠 "와, 너 정말 잘하는구나."

Tip 처음에는 아이가 승리의 기쁨을 맛보고 재미를 느끼도록 가벼운 수준으로 시작하면 좋습니다.

암산 시간 재기

아빠 "이번엔 누가 암산을 빨리 하는지 시합해볼까? 너는 둘째 주, 아빠는 넷째 주 숫자 모두 더하기다."

아이 "좋아요, 아빠! 그런 동시에 시작해요. 누가 빨리 끝내나 시합해요. 틀리면 빨리 끝내도 지는 거예요. 시~작!"

아빠 "아이고, 어렵네. 더하고 더하고 더하고……."

아이 "저는 37. 10초 걸렸어요!"

아빠 "으아…… 113! 아이고, 머리야……. 계산기 가져와 봐. 앗싸, 맞았다! 그런데 32초."

아이 "와! 이겼다!"

Tip 놀이의 원활한 진행을 위해 정답을 확인할 때에는 계산기를 사용하는 것이 좋습니다.

Tip 달력과 뽕망치를 이용한 다양한 학습 놀이

달력 국경일 맞히기

아이와 함께 달력을 보며 중요한 국경일을 종이에 적어 봅니다. 달력에도 국경일 이름을 크게 써 줍니다.

Tip 이때 국경일의 의미도 함께 설명해 주면 더욱 좋습니다.

이제 아빠가 문제를 냅니다. 아이가 틀리면 아빠에게 뽕망치로 맞고 아이가 맞히면 아빠를 뽕망치로 때립니다.

Tip 달력 모서리를 접어 주면 넘기기도 쉽고 종이에 손이 베이지 않아 좋습니다.

달력 한자 외우기

달력에 있는 각 날짜의 숫자를 한자로 써 보는 게임입니다.
일단 숫자를 한자로 몇 번 써 보고 나서 아이가 숫자에 익숙해지면 놀이를 진행합니다.

'5월 첫째 주', '8월 셋째 주' 이렇게 주별로 날짜를 한자로 써 보게 합니다. 아이가 다 맞히면 아빠를 뽕망치로 때릴 수 있고, 틀리면 아빠에게 뽕망치로 맞는 벌칙입니다.

2 즐겁게 놀면서
창의력도 쑥쑥!
학습력 향상 놀이

구구단이 술술 외워지는 달걀판 숫자 놀이

7~9세

놀이를 동영상으로 즐기세요

준비물
달걀판, 유성매직,
탁구공, 뿅망치

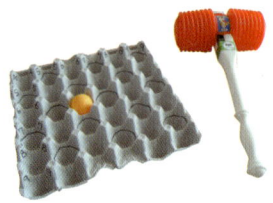

아이들이 어려워하는 구구단 외우기도
놀이를 접목하면 즐겁고 재미있게 해낼 수 있습니다.
놀이에는 신비로운 힘이 있는 것 같습니다.
어려운 것도 쉽게 느껴지고,
무엇이든 잘 해낼 수 있다는 자신감을 불어넣어 주거든요.

1 달걀판의 가로, 세로 각 1줄씩 그림과 같이 숫자를 적어 줍니다. 가로, 세로 각 6개의 칸밖에 없기 때문에 아이가 외워야 할 구구단의 숫자를 적으면 좋습니다.
Tip 한 칸 건너 한 칸씩 사진과 같이 표시해 주면 공이 어디에 떨어졌는지 알아보기가 쉽습니다.

2 탁구공을 공중으로 던져 올렸다가 떨어지는 자리의 가로, 세로 숫자의 곱을 말해야 합니다.
아이 "육 오 삼십!"

3 아이가 맞히면 뿅망치로 아빠를 한 대 때리고, 아이가 틀리면 아빠에게 뿅망치를 한 대 맞습니다.
아이 "삼 오 십오! 제가 맞혔죠? 뿅뿅뿅뿅."
아빠 "앗, 뿅망치 습격이다!"

4 달걀판 대신에 플라스틱 도시락 용기 속에 주사위를 넣고도 구구단 놀이를 할 수 있습니다.

Tip 문방구에 가면 0부터 9까지 있는 신기한 주사위를 구할 수 있어 구구단 놀이에 안성맞춤입니다.

3 즐겁게 놀면서
창의력도 쑥쑥!
학습력 향상 놀이

비밀의 판도라 상자 낱말 속담 맞히기

7~10세

준비물
티슈 상자, 가위, 속담 책, 유성매직, 뿅망치

놀이를 동영상으로 즐기세요

텔레비전 프로그램에서도 자주 등장하는 속담 맞히기 놀이!
티슈 상자를 이용해 집에서 즐겨 보겠습니다.
일단 이 놀이를 하기 전에 한 가지 필요한 과정이 있습니다.
어린이용 속담 책을 하나 사서 틈틈이 읽습니다.
아이에게 속담의 뜻도 설명해 주면서 함께 읽는 과정이 필요합니다.
그렇게 배경 지식을 어느 정도 갖춘 후 재미있는 속담 놀이를 시작해 보세요.

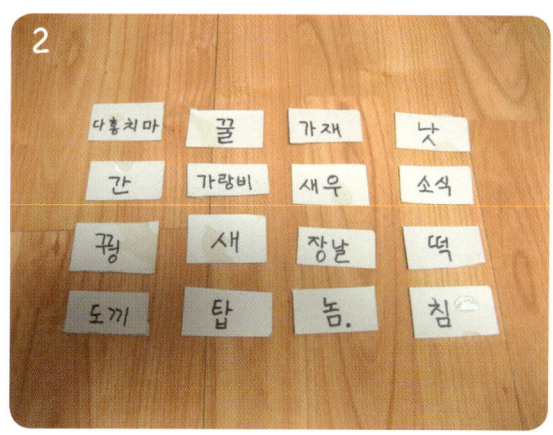

빈 티슈 상자를 하나 준비해 사진과 같이 한쪽 면을 가위로 잘라 냅니다. 잘라 낸 종이를 작고 동일한 크기의 카드를 16장 만듭니다.

각 카드에 속담에 들어가는 단어를 하나씩 적으세요. 예를 들어 '기왕이면 다홍치마'라면 '다홍치마'를 적어 주는 식입니다.

자, 이제 이 16장의 카드를 티슈 상자 속에 넣고 잘 섞은 다음, 아이가 한 장을 뽑습니다.

규칙은 정하기 나름이지만, 일단 속담 16개를 모두 맞히면 아이가 아빠를 뽕망치로 때릴 수 있습니다. 하지만 하나라도 틀리면! 아이가 아빠에게 뽕망치를 맞게 되겠죠?

아빠 "소식!"
아이 "무소식이 희소식이다!"
아빠 "도끼!"
아이 "도끼가 뭐였더라? 아빠, 다시 해도 돼요?"
아빠 "당연히 안 되지. 이리 와! 달게 받거라!"
아이 "으악!"

인정사정 볼 것 없이 뽕망치 세례, 뽕뽕뽕!

4 즐겁게 놀면서 창의력도 쑥쑥! 학습력 향상 놀이

뽕망치 강타 받아쓰기 복권

7~10세

준비물
우편물 봉투, 자, 네임펜, 연필, 지우개

'받아쓰기 복권' 들어보셨나요?
긁으면 당첨이 아니라, 받아쓰기를 하면 당첨이 되는 신개념 복권입니다.
석 줄 받아쓰기를 모두 맞히면
아빠를 뽕망치로 강타할 수 있는 어린이 전용 복권!
집에서 바로 발행해 보세요.
글씨 연습과 놀이가 동시에 해결되는 일석이조 학습놀이입니다.

놀이를 동영상으로 즐기세요

소리를 키워서 들어 보세요

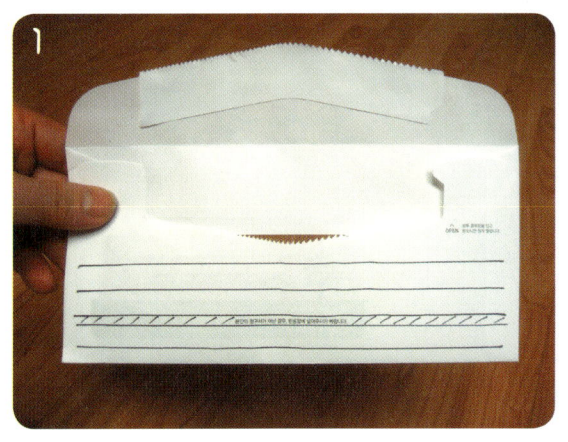

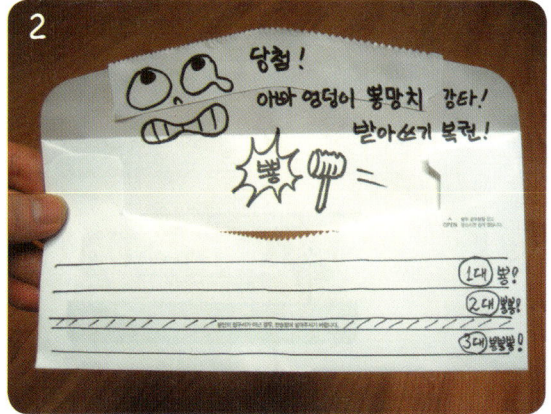

각종 청구서나 광고 우편물 등 더 이상 필요 없는 우편물 봉투를 활용해 보았습니다. 빈 여백에 네임펜으로 줄을 그어 총 세 줄을 만듭니다.

Tip 아이가 글자를 또박또박 쓸 수 있도록 간격을 적당히 띄어 주세요.

각 줄 끝에 '뽕망치 1대' 등 받아쓰기를 잘했을 때 얻을 수 있는 보상을 적어 줍니다.
우편물 봉투 윗부분은 재미있는 그림을 그려 아이의 관심을 끌어내 볼 수 있습니다.

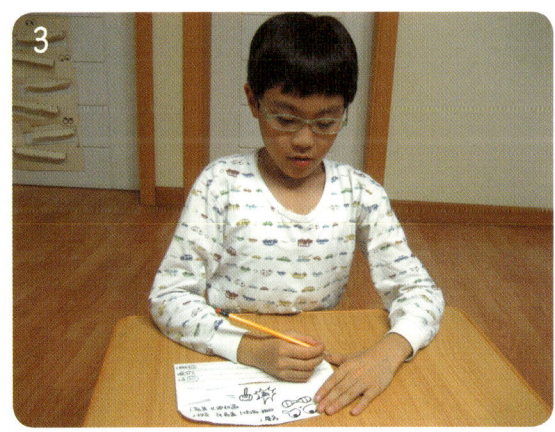

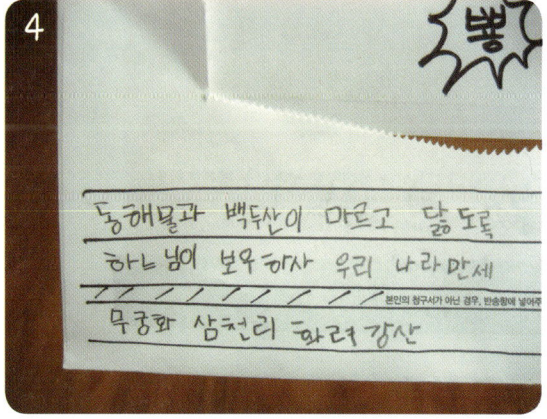

아빠 "자, 준비하시고, 시~작! 동해물과 백두산이 마르고 닳도록……."
복권에 당첨될 그날을 위해 열심히 받아 적는 어린이. 조심조심, 또박또박.

아빠 "천천히 적어도 괜찮아. 다만 정확히, 줄에 글자가 닿지 않게 적어야 한다."

아이 "앗싸! 세 줄 다 성공!"
아빠 "헉, 정말?"
아이 "뽕뽕뽕뽕뽕!!!"
아빠 "으악~, 아빠 살려~!"

받아쓰기의 최종 결과는?

5 즐겁게 놀면서
창의력도 쑥쑥!
학습력 향상 놀이

먹고 먹히는 참치 캔 먹이사슬

7~10세

준비물
참치 캔 5개, 흰 종이,
네임펜, 스카치테이프

참치 캔으로 참치 먹이사슬 놀이를 해볼까요?
먹고 먹히며 순환하는 생태계의 흐름도 배울 수 있고
점점 오염되어 가는 환경에 대해
생각해 볼 수도 있는 아빠표 환경 놀이입니다.
자연의 먹이사슬은 무척 복잡하고 정교하지만
참치를 중심으로 한 간단한 먹이사슬로 만들어 봤습니다.

놀이를 동영상으로 즐기세요

참치 캔 5개에 흰 종이를 붙인 후 각각 '플랑크톤', '새우', '오징어', '참치', '인간'이라고 적습니다. 귀여운 그림도 그리면 더 재미있겠죠?

'플랑크톤-새우-오징어-참치-인간' 순서로 참치 캔을 쌓고 게임을 시작해 볼까요?
캔을 놓는 위치는 다음의 세 가지로 구분됩니다.

먹이사슬 유지 : 종이가 위아래 같은 위치
먹이사슬 위태로움 : 종이가 위아래 절반 어긋난 위치
먹이사슬 끊어짐 : 종이의 위아래가 닿지 않는 위치

게임 규칙입니다.
1. 그림과 같이 먹이사슬이 위태로운 상태에서 게임을 시작합니다.
2. 아빠는 먹이사슬을 파괴하는 사람, 아이는 먹이사슬을 지키는 사람입니다.
3. 가위바위보를 해서 이긴 사람이 자신이 원하는 방식으로 한 번에 종이 가로폭의 절반만큼씩 움직일 수 있습니다.
4. 아빠는 위에서 아래로 움직이며 사슬을 풀고, 아이는 아래에서 위로 움직이며 사슬을 맞춥니다.

아빠 아이 "가위바위보!"
아이 "아빠! 제가 이겼어요! 저는 아래서부터 움직이죠? 새우와 플랑크톤을 쓰윽~."
아빠 아이 "가위바위보!"
아빠 "앗, 무승부네. 그럼 다음 판을 이긴 사람이 두 번 연속 돌리기!"
아이 "가위바위보! 앗싸! 이번엔 참치와 오징어, 둘 다!"
이렇게 게임을 진행하면서 먹이사슬이 온전히 다 맞춰지면 아이의 승리입니다.
아이 "아빠! 정의의 이름으로 먹이사슬 파괴자 아빠를 심판합니다! 뿅뿅뿅뿅!"
아빠 "으악~, 아빠 살려~."

6 즐겁게 놀면서
창의력도 쑥쑥!
학습력 향상 놀이

북극곰 빙하 탈출 대모험

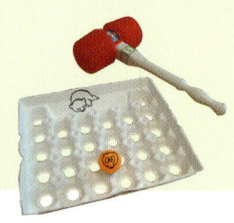

7~10세

준비물
흰색 달걀판 뚜껑, 탁구공,
유성매직, 뿅망치

자연을 사랑하고 환경을 생각할 줄 아는 마음,
즉 인성을 갖춘 아이가 되기를 바라는 마음을 담아
북극곰 놀이를 만들었습니다.
지구온난화로 얼음이 녹아 내려 엄마와 떨어지게 된 아기 곰이
다시 엄마를 찾아갈 수 있도록 도와주세요.
더불어 지구온난화를 막을 수 있는 방법이 무엇인지 아이와 함께 생각해 보면 좋겠지요?

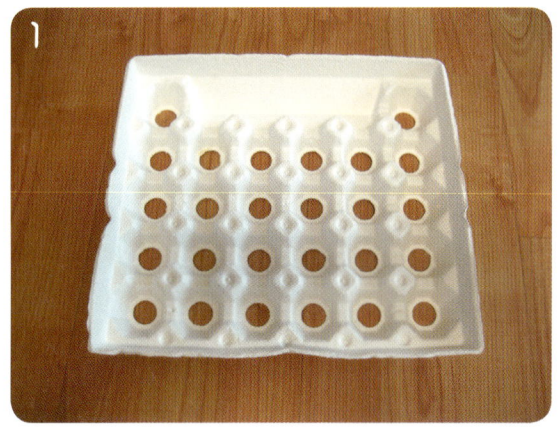

흰색 달걀판 뚜껑, 북극의 하얀 얼음 같네요.
🧑 아빠 "튀어나온 곳은 빙하고, 움푹 들어가 구멍이 뚫린 곳은 바다야."

달걀판 가장자리에 유성매직으로 엄마 곰을 그려 줍니다.
🧑 아빠 "이건 엄마 곰이야. 코~ 하고 잠이 들었네."
아기 곰이 집 나간 줄도 모르고 깊이 잠이 든 엄마 곰입니다.

유성매직으로 탁구공 위에 아기 곰을 그릴 차례입니다.
🧑 아빠 "이건 천방지축 말 안 듣는 아기 곰."
꼭 어느 집 누구 같네요.

🧑 아빠 "아기 곰 살려! 이게 다 사람들이 에너지를 낭비했기 때문이야."
👶 아이 "왜요?"
🧑 아빠 "에너지를 낭비해서 날씨가 점점 더 더워지면 북극의 얼음도 녹아 버리거든. 자, 이제 네가 아기 곰을 엄마 곰한테 돌려보내 줘."
아기 곰을 엄마 곰에게 먼저 보내는 사람이 이깁니다.

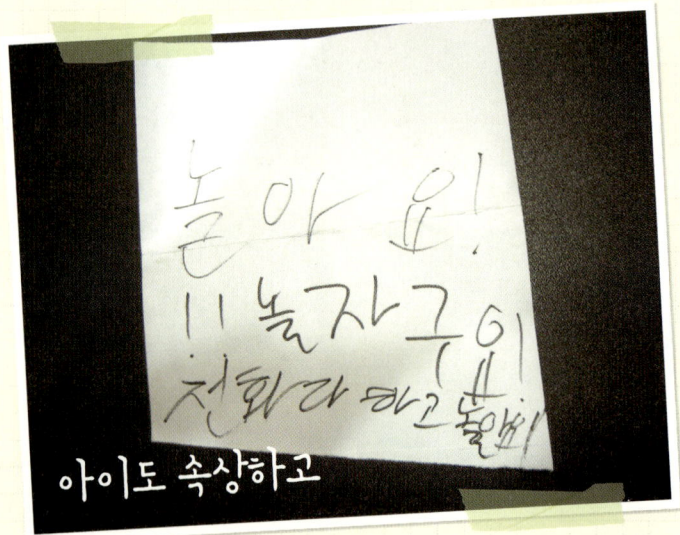

우리 아이는 글씨를 예쁘게 쓰지 않습니다.
숙제든 일기든 빨리 쓰고 놀기 위해 마구 휘갈깁니다.
한글보다는 아랍어에 가깝지요.
전에 엄마에게 크게 혼이 나고 난 다음 쓴 글씨를 보니 또박또박 제법 잘 썼더군요.
이 녀석, 예쁜 글씨를 못 쓰는 게 아니라 안 쓰는 거였네요.
'뭐, 아이들이 그럴 수도 있지.'라는 생각이 들기도 했지만 벌써 초등학교 3학년인데 자신이 쓴 글을 다시 읽어 보라고 하면 아이도 못 읽고 나도 못 읽는 상황이라 사태가 심각하다 싶었습니다.
3년간 글씨와의 전쟁을 치른 아이 엄마도 지쳐 버렸고요.
그래서 이대로는 안 되겠다 싶어 며칠 전 아이에게 선언을 했습니다.

아빠도 속상한 날

"퇴근해서 그날 네가 쓴 글씨를 보고 10분 놀이를 할지 안 할지를 결정할 거야!"
그리고 다음 날……. 10분 놀이는 없었습니다.
아이가 내게 글러브를 들고 왔지만 놀아 주지 않았습니다.
솔선수범하기 위해 아이가 보는 앞에서 나도 직접 연필과 종이를 들고 오랜만에 손글씨를 30분 넘게 써내려 갔습니다.
"자, 봐. 아빠도 잘 쓰잖아. 내일은 또박또박 글씨 쓰고 또 신나게 놀아 보자."
하지만 아이는 제 글씨를 보려고도 않고
"흥, 아빠는 날 사랑하지 않죠?"
하면서 고개를 휙 돌리네요.
아, 육아는 참 어렵습니다.
아이는 삐쳤는지 이렇게 소파에서 두 시간 넘게 시위(?)를 하다가 잠이 들었습니다.
녀석, 한 고집 하고는…….
"얘야, 많이 속상했지? 아빠도 사실 함께 놀고 싶었단다."

주말에는 큰 동화책을 읽어 주세요.
"거기에서는 비행기와 배가 만난단다."
"그럼...... 환승역이네요?"

8장

상상력의 문을 열면 모든 것이 놀이

아이와 놀면서
잃어버린 아빠의 꿈도 찾아요

초등학교에 갓 입학했을 때 어머니는 집안 형편이 어려웠지만 내게 세 가지 학원을 보내 주셨습니다. 태권도 학원, 피아노 학원, 미술 학원. 그런데 피아노 의자에만 앉혀 놓으면 발로 태권도 연습을 했습니다. 발로 피아노를 치면서……. 두 학원 모두 한두 달 만에 그만두고 말았습니다.

내가 유일하게 얌전하게 앉아 있었던 곳은 미술 학원이었습니다. 일주일에 한 시간이었지만 그래도 꾸준히 1~2년은 다닌 것 같습니다. 그러다 유네스코에서 하는 무슨 세계어린이그림대회가 있다고 뭘 그려내라고 했는데, 선생님이 내 작품을 2점 출품하였습니다. 하나는 선생님의 터치가 살짝 들어간 '깨끗하게 잘 그린 그림'이었고, 또 하나는 물감도 번지고 그냥 혼자서 막 그린 삐뚤빼뚤한 못난 그림이었습니다.

나중에 어디서 오라고 해서 갔더니 내 키만 한 트로피를 주었습니다. 알고 보니 전국에서 2등을 한 것입니다. 그런데 선생님이 도와준 잘 그린 그림이 아니라 혼자 그린 못난 그림이 선정된 것이었습니다. 버스 정류장 풍경을 그린 것이었는데, 그림 안에 등장하는 인물이 남녀노소 다 달랐고 위치도 다양했습니다. 각 인물이 바라보는 방향도 모두 달랐습니다. 그때 내 나이가 딱 지금 아이의 나이였던 것 같습니다. 10살짜리 꼬마 시절.

바로 그 시절 아버지 사업이 부도가 났고, 우리는 1년에 1번씩 이사를 다녔습니다. 그렇게 학창 시절 미술과의 인연은 끝이 났습니다. 고등학생이 되어 진로를 결정할 때, 미술에 미련이 남은 나는 뒤늦게 어머니에게 말했습니다.

"미대를 가고 싶어요."

그래서 어머니와 함께 오랜만에 미술학원이란 곳에 다시 갔습니다. 하지만 학원에 간 지 10분 만에 다시 나와야 했고 미술과는 인연을 맺지 못했습니다. 입시 미술이란 끊임없이 돈과 시간을 쏟아부어야 하는 공장 같은 그런 곳이었습니다.

그렇게 시간이 흘러 결혼을 했고 곧 아빠가 되었습니다. 지난날 잊혀진 내 꿈이, 나이 마흔이 넘어 이렇게 재활용품을 통해 하나씩 되살아났습니다. 일주일에 7일 일하면서도 다시 내 꿈을 펼칠 수 있게 해 준 아이에게 감사합니다. 아이를 위해 만들고 그림 그리고 한다지만, 결국 아이를 위한 사랑이 부메랑처럼 내 자신에게 다시 돌아오는 것 같습니다.

돈 버는 기계에서 꿈을 찾는 아빠로. 아이를 위한 사랑이 부메랑처럼 내게 돌아왔습니다.

나는 돈만 버는 기계가 아닙니다.

돈도 벌고 꿈도 꾸는 아빠입니다.

저녁마다 짠~ 하고 새로운 작품을 만들어 내는 아빠.

"꿈을 찾아준 아들아, 고맙다. 아빠는 행복하다."

이보연 선생님
아빠 놀이
도움말

아이의 상상력이
가장 좋은 장난감

'마치 ○○인 것처럼' 아이의 상상력을 자극해 보세요

놀이는 무궁무진합니다. '마치 ○○인 것처럼' 하고 상상하기 시작하면 아무것도 아닌 돌멩이, 마른 나뭇가지, 다 쓴 폐품도 멋진 인형이나 귀여운 강아지, 환상 세계에서나 만날 수 있는 요정으로 바뀌거든요.

그런 의미에서 요즘 나오는 비싸고 정교한 장난감들은 아이의 상상력 발달을 방해합니다. 버튼 하나만 누르면 음악도 나오고 무엇이든 쿵짝쿵짝 저 혼자 해내는 까닭에 도리어 아이의 사고력을 제한합니다. 그래서인지 요즘 많은 아이들이 무엇이든 자신이 생각하는 위치에 원하는 것이 보이지 않으면 '없어!' 하고 고개를 돌리고는 합니다. 쉽고 편안한 것에 익숙해진 나머지 사물을 탐색하는 능력이 떨어져 그렇습니다.

비싸고 복잡한 장난감 대신에 생활 속 장난감으로

장난감이 많지 않던 시절, 아이들은 생활 속 물건을 가지고 놀았습니다. 충분히 관찰하고 상상했으며 때로는 호기심을 갖고 속을 파헤쳐 보기도 했습니다. 버려진 깡통 하나로 소꿉놀이를 하고, 박스 속에서 인형이 번쩍 튀어나오는 장난감을 통해 용수철의 원리를 깨달았습니다. 하지만 요즘 아이들에게는 이러한 상상과 관찰, 분석의 기회가 절대적으로 부족합니다. 또한 지나치게 많은 장난감 속에 둘러싸여 한 가지에 집중하지 못하고 산만합니다.

이런 아이들에게는 너무 많은 장난감, 지나치게 좋은 장난감은 오히려 독입니다. 아이의 집중력과 상상력을 키우려면 좋은 장난감은 오히려 숨겨야 합니다. 생활 속 사물을 관찰하고 상상하면서 놀 수 있도록 도와주어야 합니다.

놀이는 과정입니다

아이에게 놀이는 '과정'입니다. '결과'를 중시하는 어른의 놀이와 큰 차이가 있습니다. 어른은 놀이를 한 후 상대를 이기거나 보상이 주어지는 등의 결과가 있어야 즐겁다고 여깁니다. 하지만 아이들은 무언가를 만들고, 블록을 쌓고 가위로 종이를 싹둑싹둑 오리고 하는 식의 과정 자체를 즐깁니다. 왜냐하면 아이들은 이러한 놀이의 과정에서 많은 것을 배우고 또한 새로운 경험을 하기 때문입니다.

결과 중심적인 어른에게 중간 과정은 빨리 끝내 버려야 할 숙제입니다. 그래서인지 많은 부모들이 아이들이 좀 더디게 시행착오라도 할라치면 이를 나무라거나 답답해합니다. 심지어 아이 대신에 인형을 만들어 주거나 블록을 쌓아 버리는 식으로 놀이를 해치워 버리기도 합니다. 아이 입장에서는 진짜 놀이라 할 수 있는 그 과정을 빼앗기고 말았으니 재미가 없습니다. 따라서 아이들이 놀이 과정 자체를 즐길 수 있도록 도와주어야 합니다. 긍정적인 피드백을 해 주면서 아이들이 더 많이 생각할 수 있도록 만들어 주는 것이 좋습니다.

1 상상력의 문을 열면 모든 것이 놀이

맛있는 고구마가 뿌지직 똥이라고?

3~10세

준비물
고구마 혹은 재미있게 생긴 과일이나 채소

장바구니 안을 살펴보니 재미있게 생긴 고구마가 있습니다.
오늘은 이걸로 상상 놀이를 해 보도록 하지요.
고구마가 없으면 감자도 좋고
조금 못나고 울퉁불퉁하게 생긴 다른 채소나 과일도 좋습니다.
맛있는 고구마만큼이나 영양가가 넘치는
고구마 상상 놀이, 시작합니다!

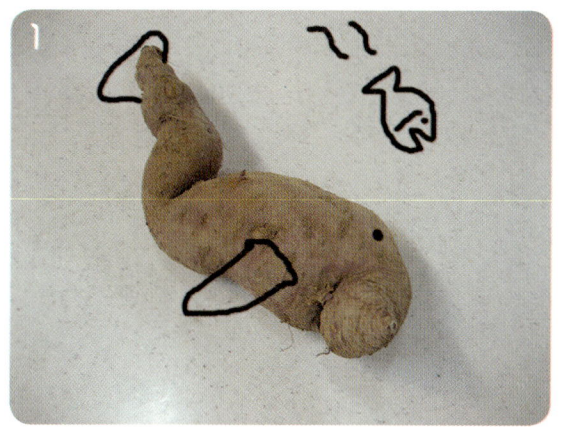

각도를 조금 틀어볼까요?
듀공이 물속에서 헤엄을 치고 있네요.
아이 "아빠 듀공이 뭐야?"
아빠 "응, 물속에 사는 물개 같은 동물이야."

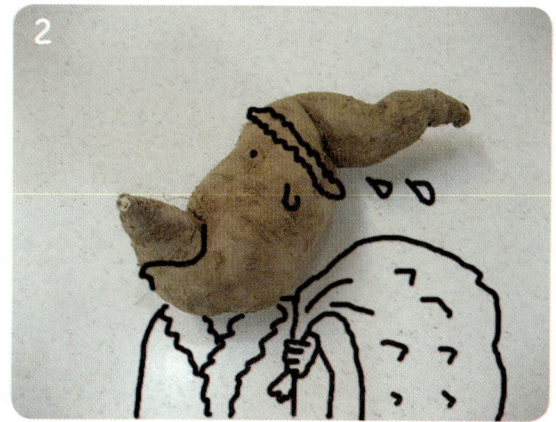

크리스마스가 코앞인지 산타 할아버지가 땀을 뻘뻘 흘리며 일하시네요.
"산타 할아버지, 고구마 맛있게 드시면서 선물 배달 하세요!"

고구마를 가로로 길게 눕히면
"왈왈왈!"
이번엔 강아지 한 마리가 나타나 꼬리를 살랑살랑 흔들며 산타 할아버지를 즐겁게 맞이합니다.

귀엽게 생긴 강아지가 "뿌지직!" 엄청나게 큰 똥을 누었어요. 하하하!
이렇게 고구마 하나로도 다양한 상상과 이야기를 만들어 볼 수 있습니다. 아이와 고구마를 먹으면서 맛있는 상상 놀이를 즐겨 보세요.

2 상상력의 문을 열면 모든 것이 놀이

문제 해결 능력을 키워 주는 지구본 놀이

7~10세

준비물
지구본 혹은 세계지도

아이 방에 지구본이나 큰 세계지도가 있나요?
한국은 어디에 있고, 미국은 어디에 있고,
프랑스, 러시아는 또 어디에 있고…….
늘 하는 나라 찾기 놀이에 질렸다면
이런 놀이를 한번 해 볼 수 있습니다.
아이의 문제 해결 능력을 도와주는 '지구본 가족 상봉 놀이'입니다.

아빠가 아이에게 문제를 내고 함께 답을 찾아 봅니다.
오스트레일리아에서 일하는 아빠가 크리스마스를 맞아 한국에 있는 아들을 만나려고 합니다.
아빠가 여행사로 전화를 걸었습니다. 그런데 큰일이네요!
한국행 비행기 티켓이 매진이라는군요.
아빠는 회사 직원들을 모두 불러 모아 놓고 이렇게 말했습니다.
"여러분, 지금 내 사정이 딱하니 좀 도와주게. 각각 해결 방법을 하나씩 찾아오게나."
아이에게 물어봅니다.
"만약 네가 이 회사 직원이라면 사장님에게 어떤 해결 방법을 이야기해 줄 수 있을까?"
물론 정답은 없습니다.
만약 아이가 어려워하면 아빠가 먼저 다음의 몇 가지 방법을 사례로 제시해 줄 수 있습니다.

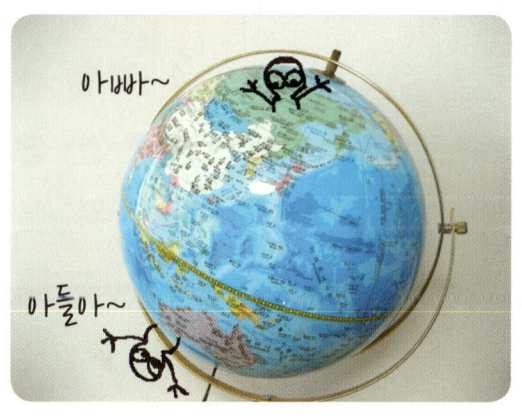

김 과장 : (사장님이 좋아하는 치킨과 맥주를 사들고 오며) 사장님, 크리스마스에 아드님을 만나지 못한다니 위로해 드리려고 사왔습니다.
현실 안주형 대안이네요.

박 대리 : 사장님, 아드님께 선물이라도 보내시라고 택배 박스를 준비해 왔습니다.
소극적인 대안이네요. 아이가 원하는 건 아빠지 선물이 아닐 텐데요.

정 차장 : 사장님 다행히 크루즈 티켓은 있습니다. 그런데…… 한 달 전에 출발하셔야 합니다.
비현실적인 대안이네요. 회사는 내팽개치고 크루즈를 타란 말인가요?

유 상무 : 사장님, 한국으로 가는 직항 티켓은 없어도 중국을 들렀다 가는 티켓은 있어서 사왔습니다.
이동 방법 변경 대안이군요. 괜찮네요! 여행 시간이 조금 길어져 고생이겠지만 그 정도는 감수할 수 있을 것 같습니다.

양 과장 : 사장님, 크리스마스에는 티켓이 없지만 설 연휴에는 있어서 그때 티켓을 사왔습니다!
이건 만남 시기 변경하라는 것인데요. 음……, 좀 아쉽긴 해도 나쁘진 않네요.

이 대리 : 호주에서 한국으로 가는 비행기표는 없지만 아드님이 한국에서 호주로 오는 비행기표는 있어서 그 티켓을 사왔습니다.
이동 주체를 바꾸었군요. 이참에 아들에게 캥거루 구경을 시켜 줄 수 있게 되었네요.

나 상무 : 오고 가는 편이 모두 없어 한국과 호주의 중간 지점인 홍콩에서 만나시라고 홍콩 호텔을 예약했습니다!
이동 장소 확대와 더불어 방법도 변경했는데요, 정말 대단하네요.

9살 아들은 이렇게 대답했습니다.

1. 아빠가 그냥 오스트레일리아에서 쭉 산다. (이런이런…….)
2. 크리스마스에 못 가면 설날에 간다. (오, 아이가 저와 같은 생각을 했군요.)
3. 헬리콥터 아저씨에게 부탁해서 얻어 타고 간다.
4. 한국행은 아니더라도 한국 위로 지나가는 비행기를 탄 후, 한국 하늘에서 '잠깐 내려주세요!' 한다. (한국인지 아닌지 하늘에서 알아볼 수 있겠니?)

이렇듯 우리의 목표는 아빠와 아들이 만나는 것입니다.
언제, 어디서, 어떻게 만나든 그것은 변경이 가능한 것이죠.
아이의 문제 해결 능력과 융통성을 키워 주는 문제 해결 놀이, 참 재미있지요?

3 상상력의 문을 열면 모든 것이 놀이

도로 글씨 속에 숨은 문어를 찾아라

3~10세

준비물
도로 위 글자나 교통 표지판

아스팔트 도로 위를 보면 다양한 글자나 기호들이 있습니다.
이제 막 한글을 깨우친 아이라면 글자 읽기 놀이를 해볼 수 있겠지만
한글을 모른다고 해서 기죽을 필요는 없습니다.
글자 안에 숨어 있는 그림을 찾아낼 수 있거든요.
아이의 무궁무진한 상상력을 이끌어 내며
글씨에 숨어 있는 다양한 모양 찾기 놀이를 시작해 보겠습니다.

이렇게 글자를 눕혀 놓고 보면 당구대 위의 공이 '탁' 하고 날아가는 모습이 보이지요?

"먹물 발사! 찍~." 문어도 보이네요.

맛있는 호떡과 호떡 뒤집개도 보이네요. 앗, 그런데 호떡 굽다 불이 났어요! 이럴 땐 어떡해야 하죠?

네! 119에 연락하면 됩니다.
이렇게 도로 위 글자를 가지고 아이와 재미있게 놀아 보았습니다. 혹시 아나요? 이 그림을 본 어린이 중 한 명이 나중에 한국의 스티브 잡스가 될지. 그렇게 되면 아빠의 노후가 쫙 펴지는 것은 시간 문제겠군요, 하하.

4 상상력의 문을 열면 모든 것이 놀이

낙엽 속에 숨은 잠복근무 요원 놀이

6~10세

준비물
낙엽, 큰 달력 종이 혹은 스케치북, 유성매직 (혹은 눈 스티커)

비싼 블록이나 퍼즐을 사야 놀이를 할 수 있는 것은 아닙니다.
집 앞 화단에 떨어져 있는 낙엽으로도 아주 훌륭한 놀이가 가능합니다.
거실 바닥에 지난달 달력을 캔버스처럼 쫙 펼쳐 놓고
그 위에 낙엽을 수북이 쌓아 놓습니다.
과연 이 속에 무엇이 숨어 있을까요?
조용히 낙엽 속에 몸을 숨기고 있는 잠복근무 요원을 찾아볼까요?

달력을 펴고 그 위에 눈 스티커(혹은 눈 그림)를 붙여 놓습니다. 그리고 눈이 보이지 않게 낙엽을 수북이 올려놓습니다. 부시럭부시럭 손으로 나뭇잎을 만지고 휘휘 젓기도 하면서 아이에게 물어봅니다.

아빠 "여기 누가 숨어 있을 것 같아?"

아빠 "여기는 제1조. 잠복근무팀은 각 상황을 보고하라!"

잠복근무팀 대장님입니다. 온몸을 낙엽으로 꽁꽁 숨긴 채 정체를 드러내지 않고 있습니다.

아빠 "제2조 토끼팀! 이상 무!"

두 귀가 쫑긋한 토끼팀이 나타났군요. 지금이라도 적이 나타나면 깡충깡충 뛰어갈 기세입니다.

아빠 "제3조 뱀팀! 이상 무!"

이번엔 뱀팀이로군요. 상대가 알아채지 못하도록 스르륵 움직이고 있는 저 유연한 곡선을 보세요.

아빠 "제4조 코끼리팀 이상 무!"
긴 코와 뚱뚱한 몸 보이지요? 적이 나타나면 큰 몸으로 막아 줄 코끼리팀, 정말 듬직합니다.

아빠 "얘야, 이제 너도 한번 만들어 보렴."
이번에는 아이에게 시켰더니 무언가 열심히 만듭니다.
아빠 "아하! 이건 독수리 같은데?"

아이 "배고프지? 내가 먹이 가져다줄게."
아이는 이제 이 상상 속의 잠복근무 요원과 친구가 되었습니다.

아이가 어떻게 해야 할 지 몰라 힘들어하면
아빠가 먼저 낙엽으로 모양을 만들어 주고
"이건 무슨 동물이지?" 하며
도와 주어도 재미있습니다.
이때 동물의 가장 큰 특징 한두 가지만
표현해서 대략적으로 표현하는 것이
아이들의 상상력 발달에
더 큰 도움이 됩니다.

5 상상력의 문을 열면 모든 것이 놀이

누가 누가 더 많이 찾나?
아빠와 아이의 상상력 배틀

7~10세

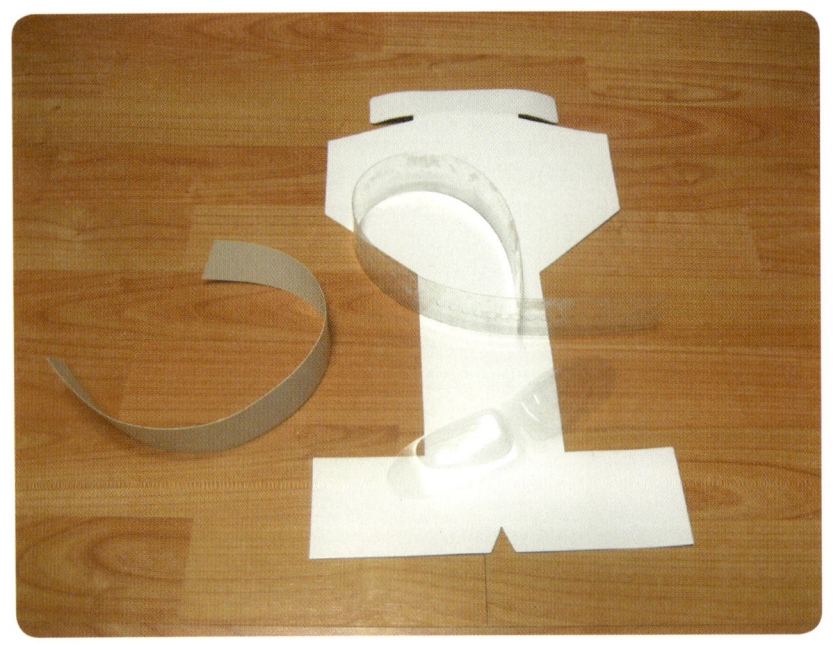

준비물
접거나 구부릴 수 있는
다양한 형태의
종이 재활용품

아내가 사온 셔츠 속에 이런 모양의 포장재가 들어 있습니다.
상상 놀이를 많이 했더니, 이젠 무얼 봐도 그림이 떠오릅니다.
이 포장재로 아이와 함께
상상 놀이를 마음껏 해보세요.
누가 누가 더 많이 찾나?
아빠와 아이가 머리를 맞대고 상상력 배틀, 시작!

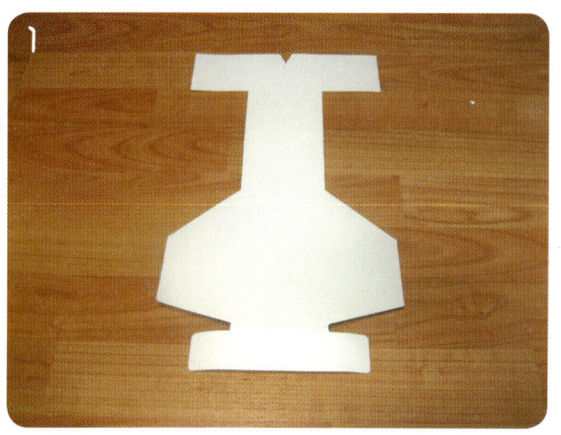

이렇게 놓고 가만히 들여다보니
아빠 "빙고! 토끼가 보이네." (아빠 1승)

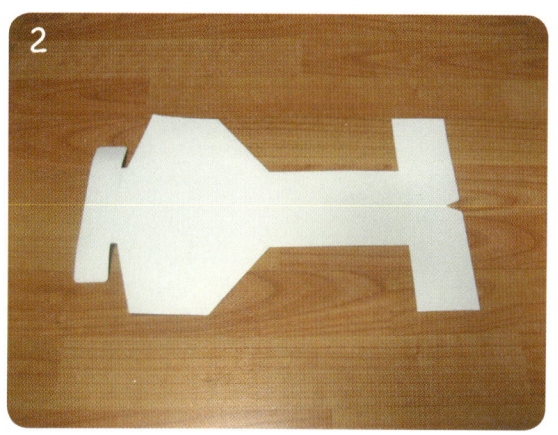

옆으로 돌리니…….
아빠 "망치상어가 헤엄치고 있구나." (아빠 2승)
아이 "앗, 조심해! 비행기가 슝~." (아이 1승)

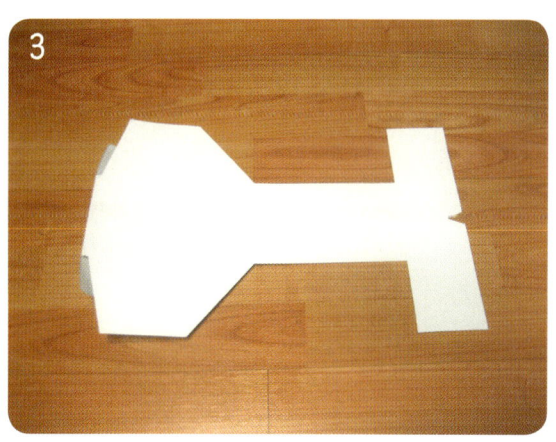

앞부분을 접어 보니,
아이 "아빠! 이건 고래야, 고래! 팔딱 팔딱!" (아이 2승)
아이는 이 종이 고래를 한참이나 가지고 놀았습니다.

아빠 "이를 어쩌나…… 변기가 막혔네. 이럴 땐 뚫어 뻥이 있지요!" (아빠 3승)

 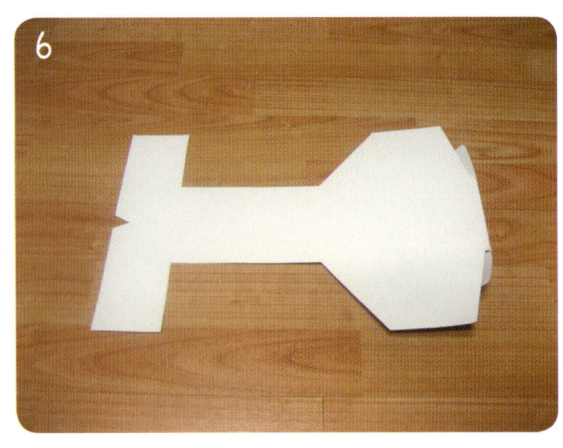

아이 "이건 아빠야. 손님에게 90도로 인사하는 아빠!" 신발 위 긴 다리로 아빠 고개가 숙여져 보이지 않는 모습. 아이는 아빠보다 상상력이 풍부했습니다. (아이 3승)

아빠 "이건 티렌치야."
아이 "아빠, 그게 뭐야?"
아빠 "카센터에서 쓰는 공구인데 티(T)자 형으로 생겨서 볼트와 너트를 죄어 주는 기구야." (아빠 억지로 4승)
아이 "???"

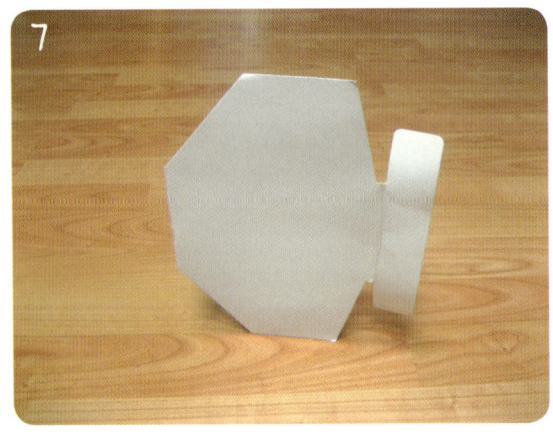 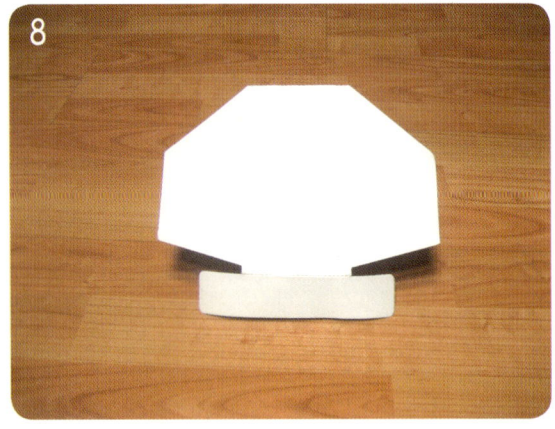

이제 이렇게 접어볼까요?
아이 "어! 금붕어다." (아이 4승)

아빠 "그래? 그럼 이건 엄마 화장대 위에 있는 손거울!" (아빠 5승)

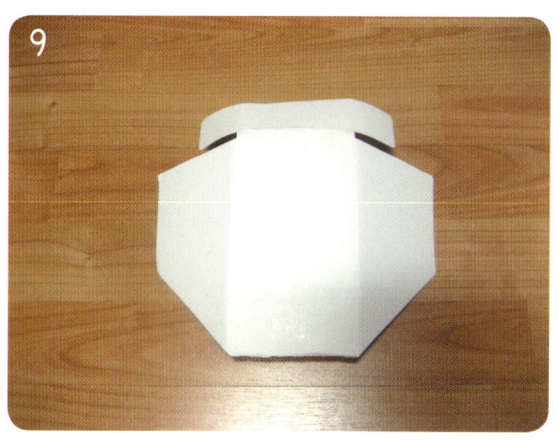

아이 "이건 사과!" (아이 5승)

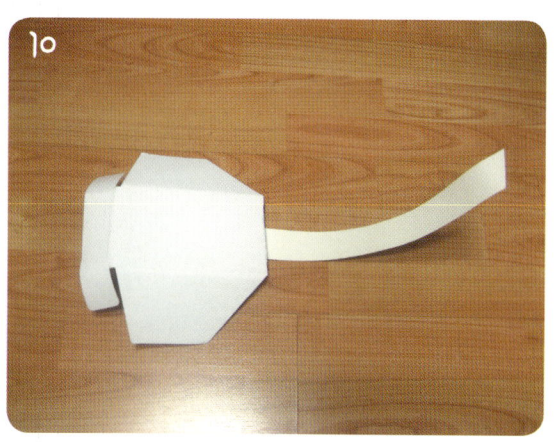

각도를 달리해 보니
아이 "가오리!"
셔츠 칼라에 있던 종이를 이용해 꼬리를 붙이며 아이가 기가 막히게 찾아냈습니다. (아이 6승)

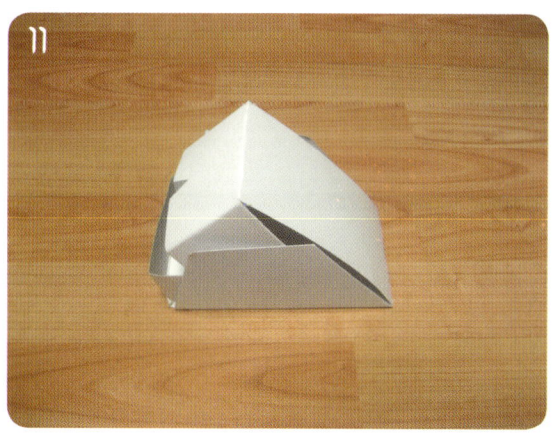

아빠 "반칙이야. 그럼 아빠도 변신한다. 이건 삼각김밥!" (아빠 6승)

아이 "아빠, 이건 개구리." (아이 7승)
아빠 "팔다리 없이 입만 있는 개구리?"
치열했던 게임은 내일도 계속될 것 같습니다. 이러다 나중에는 작대기 하나 갖고도 사람이라고 하겠습니다. 하하.

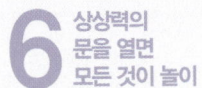
상상력의
문을 열면
모든 것이 놀이

우리 집에 놀러 온 상상 친구를 소개합니다

3~10세

준비물
패딩점퍼

아이가 친구가 없어서 심심해하면,
이렇게 상상 친구를 마련해 놓을 수 있습니다.
모자 달린 겨울 외투로 몸통을 삼고
종이를 대어 얼굴을 만들어 주어도 좋습니다.
실제로 존재하지 않지만 상상으로는 만날 수 있는 신기한 친구.
어느 날 우리 집 현관에 이렇게 상상 친구가 찾아왔어요.

그런데 이 친구 우리 집에 오자마자 텔레비전부터 보네요.
"뭐 재미있는 거 하나?"

이제는 컴퓨터 게임을 합니다.
"뽕뽕, 뿌까뿌까……".

"아, 심심해. 나가 놀면 안 되나?"

대롱대롱~
상상 친구가 옷걸이에 매달려 장난을 치기 시작해요.

앗, 높은 데 올라가면 위험해!

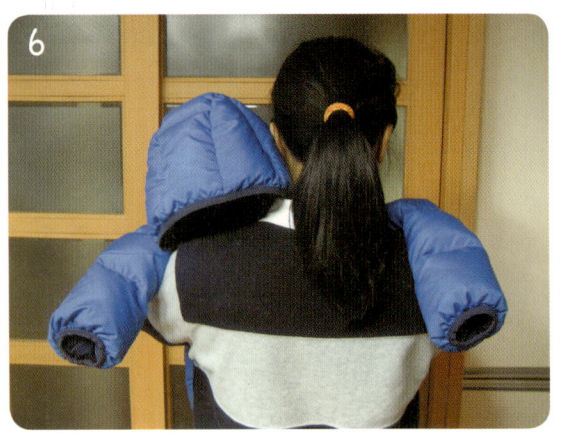

"꽈당! 으앙~."
저런, 결국 떨어지고 말았군요.
아파서 울고 있는 아이를 엄마가 달래 봅니다.

훌쩍훌쩍 울던 아이는 엄마가 주신 김밥을 먹고 기분이 좀 좋아졌습니다.

"끄응~."
밥을 먹고 난 아이는 똥 먹는 하마에게도 밥을 줍니다.

"아, 숙제는 지겨워……."
상상 친구가 공부하기 싫은지 천장만 바라봅니다.

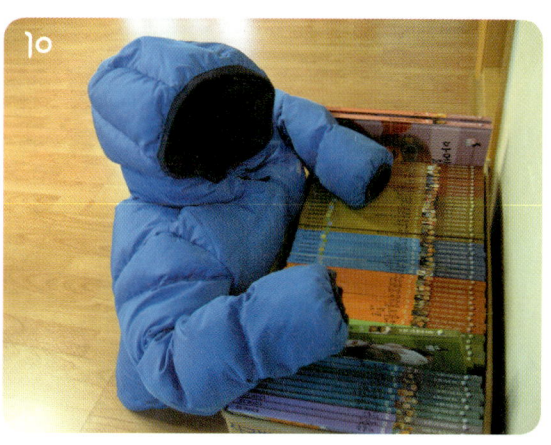

자, 이제 잘 시간이니 동화책 한 권 읽고 자자꾸나.
"네, 알겠습니다. 오늘 밤엔 무슨 책을 읽을까?"

쉿! 조용! 우리의 상상 친구가 지금 꿈나라로 갔어요. 그런데 너, 옷 벗고 자야 하는 거 아니니?

다음 날 아침 깜짝 놀랐습니다.
상상 친구가 제 방을 향해 인사를 하고 있지 않겠어요. 아마 일찍 일어난 아이가 이렇게 만들어 놓은 것 같습니다. 오늘 저녁 퇴근할 때 또 무엇을 발견하게 될지 살짝 기대가 됩니다.

아이와 가까워지기 위해 재활용품 놀잇감을 만들기 시작하고
그 과정을 블로그에 올리기 시작한 지 불과 2년이 채 되지 않는 시간 동안
참 많은 일들이 일어났습니다.
아빠로서는 최초로 육아 파워블로거로 선정되기도 하고,
EBS 프로그램이나 각종 육아잡지, 언론 인터뷰도 잇따랐습니다.
보건복지부 '100인의 아빠단' 놀이 멘토,
서울대 한국디자인산업연구센터 트렌드세터 선정,
환경부 환경교육용 이동교구상자 놀이개발 자문위원 등.
예전에는 상상도 못했던 수식어들이 내 이름 앞에 붙기 시작했습니다.

하지만 무엇보다도 가장 소중하고 큰 수확은
가정이라는 육아의 현장에서 나와 같은 고민을 하고 있는 수많은 아빠들을
만나고 소통할 수 있었다는 점입니다.
그러한 아빠들을 만나 함께 육아의 어려움을 나누고 생각을 공유하면서
시야와 관점이 더 넓어졌습니다.
그중 미국 테크숍 창업자 짐 뉴튼 회장과의 만남은 잊을 수가 없습니다.
테크숍이란 개인 발명가나 창업자에게 시제품을 제작할 수 있는 기계와 공간을 대여하는
곳인데 발명가가 꿈이었던 내게 테크숍은 말 그대로 꿈의 공간이 아닐 수 없습니다.
이 분이 2011년 서울 코엑스 스마트클라우드쇼 기조연설을 하러 한국을 방문한다는 소식에
너무나 흥분되고 반가운 마음에 보낸 메일 한 통이 인연이 되어
이 분을 직접 뵙고 재활용품 장난감에 대한 다양한 이야기를 나누었습니다.
그리고 '아빠의 마음은 국경과 인종을 초월한다'는 사실을 새삼 느꼈습니다.
나이도, 인종도, 국경도 초월해 세상의 모든 바쁜 아빠들에게 조금이라도 도움이 되는 것,
나 역시 소중한 내 아이, 가족과 하루하루 소중한 시간을 만들어 가는 것,
그리고 한 남자이자 인간으로서 내 꿈을 이뤄 가는 것.
이것이 바로 오늘 아이와 또 다른 놀이를 하게 되는 원동력입니다.

에필로그

좋은 아빠보다
노력하는 아빠 되기

사람들은 내게 가끔 말합니다.

"참 좋은 아빠시네요."

그럼 나는 이렇게 대답합니다.

"아닙니다. 저는 좋은 아빠가 아닙니다. 그저 노력하는 아빠입니다."

내 생각에 아빠 육아에서 '좋은 아빠'란 없습니다. 사실 나는 이 단어를 무척 싫어합니다. 왜냐하면 이 단어를 쓰면, 누군가는 '나쁜 아빠'라는 의미이기 때문입니다. 누가 누구를 비교하는 것은 무척 싫습니다.

아들이 태어나고 8년간 일중독에 빠져 있을 때도 나는 자신을 결코 나쁜 아빠라고 생각하지 않았습니다. 가족들을 사랑하는데 몸과 시간이 따르지 않아 놀아 주지 못

좋은 아빠보다는
늘 노력하는 아빠가
되고 싶습니다.

하는 아빠였을 뿐입니다.

저처럼 바쁘게 사는 아빠들……. 그들은 생활비를 열심히 버는 책임감 있는 가장일 수도 있고, 대한민국의 미래를 두 어깨에 짊어진 애국자일 수도 있고, 남들 쉬는 날에도 열심히 일하고 3D 업종처럼 모두가 기피하는 험한 일도 마다 않는 가장일 수도 있습니다. 이들 모두 가정을 위해 최선을 다하는 아빠들입니다. 다만, 아이와의 스킨십을 위해 조금 더 노력하는 아빠가 있고 그렇지 못한 아빠가 있을 뿐입니다.

노력하는 아빠.

참 멋진 말입니다. 좋은 아빠, 나쁜 아빠는 사람의 상태를 규정짓는 말이지만 노력하는 아빠, 노력하지 않는 아빠는 행위와 과정을 표현하는 말이니까요. 조금 노력하는 아빠, 많이 노력하는 아빠, 자주 노력하는 아빠, 가끔 노력하는 아빠. 1년간 아무것도 안 해도 오늘 하루 시도하면 바로 '노력하는 아빠'가 될 수 있습니다. 다시 말해 대한민국 모든 아빠는 '노력하는 아빠'가 될 수 있다는 말입니다. 노력하는 아빠에게 '상태'나 '경력'은 중요하지 않습니다. 그저 오늘 이 시간이 중요할 뿐입니다. 한 번 흘러가면 영원이 되돌아오지 않는 지금 이 순간 말입니다.

1. 아빠만의 역할을 찾고
2. 이벤트가 아닌 일상 속에서
3. 단 10분이라도 매일 노력하는 아빠

0점짜리 아빠가 10점짜리 아빠가 되는 것. 그 10점을 20점, 30점으로 조금씩 늘리기 위해 노력하는 것. 나는 그것이 진정한 아빠 육아라고 생각합니다.

아빠와 10분
창의놀이

2013년 3월 28일 초판 1쇄 발행
2014년 2월 17일 초판 5쇄 발행

지은이 | 김동권
발행인 | 이원주

발행처 | ㈜시공사
출판등록 1989년 5월 10일(제3-248호)

주소 | 서울특별시 서초구 사임당로 82(우편번호 137-879)
전화 | 편집(02)2046-2854 · 마케팅(02)2046-2878
팩스 | 편집(02)585-1755 · 마케팅(02)585-0835
홈페이지 www.sigongsa.com

ISBN 978-89-527-6859-9 13590

본서의 내용을 무단 복제하는 것은 저작권법에 의해 금지되어 있습니다.
파본이나 잘못된 책은 구입한 곳에서 교환해 드립니다.

부록

눈 스티커와 눈 그림

눈 스티커와 눈 그림으로
간단하고 재미있는 놀잇감을 만들어 보세요.
눈 그림 사용 방법은 아래와 같습니다.

http://monsterdad.kr에서 눈 그림 파일을 다운 받을 수 있습니다.

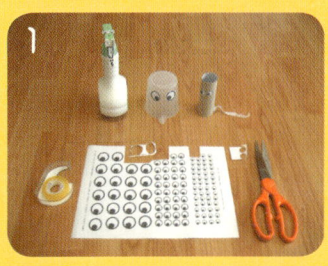

1. 눈 그림 프린트와 가위, 스카치테이프를 준비하세요. 눈 그림을 가로로 잘라 냅니다.
2. 스카치테이프를 사진과 같이 뒤집어 양면 테이프로 만든 후
3. 잘라 낸 눈 그림을 붙여 원하는 곳에 부착합니다.
4. 사진과 같이 눈 그림 한 쌍을 한꺼번에 잘라 내 사용할 수도 있습니다.

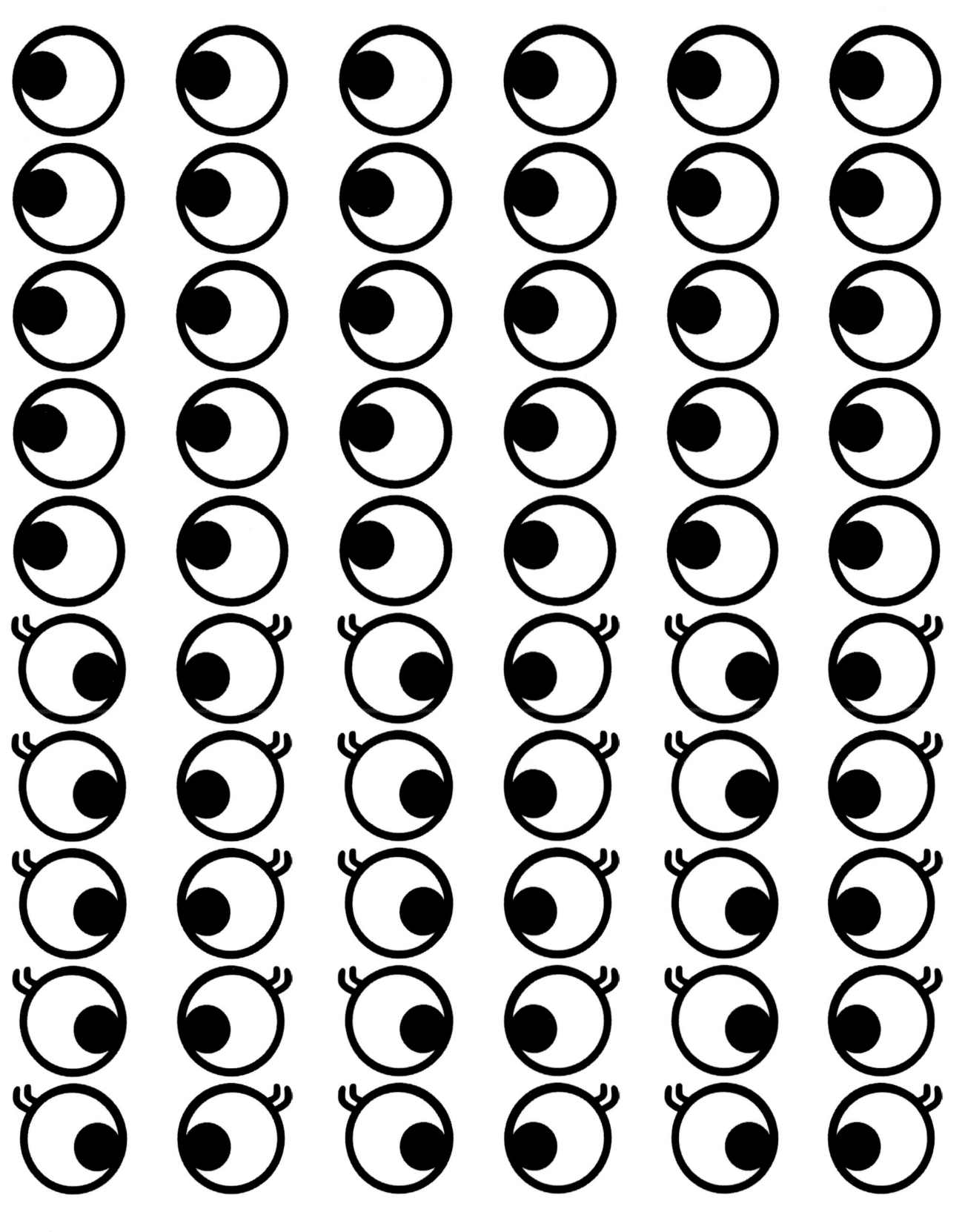